SCM

Stiftung Christliche Medien

SCM Collection im SCM-Verlag GmbH & Co. KG · Bodenborn 43 · 58452 Witten
Internet: www.scm-collection.de; E-Mail: info@scm-collection.de

Bilder:
dreamstime: Eg004713 Cover, Peter Zurek 10, Dio5050 11, Jeff Banke 12, Gail Johnson 14, Flaviu Boerescu 22, Alain Lacroix 24, Bogdan Ionescu 25, Suljo 28, Xorlu 30, Tahiii 32, Piotr Wawrzyniuk 34, Patryk Kosmider 36, Yaroslava Polosina 38, Fox497 40, Gemenacom 42, Arthdesign 42, Qazix 46, Chris Doyle 48, Xdrew 62, Myyntimika 66, Mindaugas Makutenas 68
fotolia: Henry Czauderna 8, Kawa 16, philipus 18, Fyerne 21, yetishooter 26, Björn Schick 44, babsi_w 50, Gary 52, Eduardo Gonzalez 54, hdsidesign 56, Rainer Schmidt 58, JanUFotO 60, magepassion 64,

Umschlaggestaltung: Dietmar Reichert, Dormagen
Satz: Dietmar Reichert, Dormagen
Druck und Bindung: Dimograf, Polen
ISBN 978-3-7893-9474-4
Bestell-Nr. 629.474

Ein feste Burg ist unser Gott

Die schönsten deutschen Kirchenlieder

Zusammengestellt von Norbert Schnabel

SCM Collection

Enite ad me omnes, ij.
nite ad me omnes, qui laboratis, & onerati estis, Venit
ij. qui laboratis, qui laboratis, ij.
rati estis, & ego refocillabo uos, & ego refocilla
& ego refocillabo uos. ij.

Inhalt

Ein feste Burg ist unser Gott gehört zu den bekanntesten protestantischen Chorälen. Er stammt aus dem frühen 16. Jahrhundert und wurde von Martin Luther (1483–1546) gedichtet. Vermutlich ist Luther auch Urheber der Melodie. Das Lied war ursprünglich ein Vertrauenslied über den 46. Psalm und entwickelte sich bereits im Reformationsjahrhundert zum evangelischen Bekenntnislied schlechthin.

Ein feste Burg ist unser Gott,
ein gute Wehr und Waffen.
Er hilft uns frei aus aller Not,
die uns jetzt hat betroffen.
Der alt böse Feind,
mit Ernst er's jetzt meint,
groß Macht und viel List
sein grausam Rüstung ist,
auf Erd ist nicht seinsgleichen.

Mit unsrer Macht ist nichts getan,
wir sind gar bald verloren;
es streit' für uns der rechte Mann,
den Gott hat selbst erkoren.
Fragst du, wer der ist?
Er heißt Jesus Christ,
der Herr Zebaoth,
und ist kein andrer Gott,
das Feld muss er behalten.

Ein feste Burg

Und wenn die Welt voll Teufel wär
und wollt uns gar verschlingen,
so fürchten wir uns nicht so sehr,
es soll uns doch gelingen.
Der Fürst dieser Welt,
wie sau'r er sich stellt,
tut er uns doch nicht;
das macht, er ist gericht':
ein Wörtlein kann ihn fällen.

Das Wort sie sollen lassen stahn
und kein' Dank dazu haben;
er ist bei uns wohl auf dem Plan
mit seinem Geist und Gaben.
Nehmen sie den Leib,
Gut, Ehr, Kind und Weib:
lass fahren dahin,
sie haben's kein' Gewinn,
das Reich muss uns doch bleiben.

Martin Luther

Aus tiefer Not schrei ich zu dir

Martin Luther war nicht nur ein bedeutender Bibelübersetzer, sondern auch ein herausragender Dichter von Kirchenliedern. Er schätzte die Musik sehr und sah im Singen und besonders im Gemeindegesang eine wichtige Möglichkeit zur Verkündigung, die auch die emotionale Seite der Menschen erreicht. Seine ersten Lieder entstanden 1523.

Die Lieder Luthers entfalteten große Wirkung bei der Ausbreitung der Reformation, was ihm den Titel „Nachtigall von Wittenberg“ einbrachte.

Aus tiefer Not

Aus tiefer Not schrei ich zu dir,
Herr Gott, erhör mein Rufen.
Dein gnädig' Ohren kehr zu mir
und meiner Bitt sie öffne;
denn so du willst das sehen an,
was Sünd und Unrecht ist getan,
Wer kann, Herr, vor dir bleiben?

Bei dir gilt nichts denn Gnad und Gunst,
die Sünde zu vergeben;
es ist doch unser Tun umsonst
auch in dem besten Leben.
Vor dir niemand sich rühmen kann,
des muss dich fürchten jedermann
und deiner Gnade leben.

Darum auf Gott will hoffen ich,
auf mein Verdienst nicht bauen;
auf ihn mein Herz soll lassen sich
und seiner Güte trauen,
die mir zusagt sein wertes Wort;
das ist mein Trost und treuer Hort,
des will ich allzeit harren.

Und ob es währt bis in die Nacht
und wieder an den Morgen,
doch soll mein Herz an Gottes Macht
verzweifeln nicht noch sorgen.
So tu Israel rechter Art,
der aus dem Geist erzeuget ward,
und seines Gotts erharre.

Ob bei uns ist der Sünden viel,
bei Gott ist viel mehr Gnade;
sein Hand zu helfen hat kein Ziel,
wie groß auch sei der Schade.
Er ist allein der gute Hirt,
der Israel erlösen wird
aus seinen Sünden allen.

Martin Luther

Wir wollen alle fröhlich sein

WIR WOLLEN ALLE FRÖHLICH SEIN
Verfasser dieses Osterjubels ist Michael Weiße (1488–1534) – ein ehemaliger Franziskanermönch, der sich 1522 den Böhmischen Brüdern anschloss. Mehrfach wurde er zu Martin Luther gesandt, um das Glaubensbekenntnis der Brüder mit dem des Reformators abzugleichen. Von großer Wirkung wurde seine kirchenmusikalische Arbeit. 1531 gab er das „New Gesengbuchlen" mit 157 deutschen Liedern heraus; 137 Lieder sind Eigendichtungen oder Umarbeitungen Weißes.

Wir wollen alle fröhlich sein
in dieser österlichen Zeit;
denn unser Heil hat Gott bereit'.
Halleluja, Halleluja, Halleluja, Halleluja,
gelobt sei Christus, Marien Sohn.

Es ist erstanden Jesus Christ,
der an dem Kreuz gestorben ist,
dem sei Lob, Ehr zu aller Frist.
Halleluja, Halleluja, Halleluja, Halleluja,
gelobt sei Christus, Marien Sohn.

Er hat zerstört der Höllen Pfort,
die Seinen all herausgeführt
und uns erlöst vom ewgen Tod.
Halleluja, Halleluja, Halleluja, Halleluja,
gelobt sei Christus, Marien Sohn.

Es singt der ganze Erdenkreis
dem Gottessohne Lob und Preis,
der uns erkauft das Paradeis.
Halleluja, Halleluja, Halleluja, Halleluja,
gelobt sei Christus, Marien Sohn.

Des freu sich alle Christenheit
und lobe die Dreifaltigkeit
von nun an bis in Ewigkeit.
Halleluja, Halleluja, Halleluja, Halleluja,
gelobt sei Christus, Marien Sohn.

Michael Weisse

All Morgen ist ganz frisch und neu

All Morgen ist ganz frisch und neu stammt von Johannes Zwick (1496–1542), der seit 1522 als Pfarrer in Riedlingen/Donau tätig war, von dort aber wegen seiner evangelischen Gesinnung vertrieben wurde. 1525 übernahm er das Pfarramt in Konstanz, wo er mit anderen die Reformation durchsetzte. Durch das erste „Konstanzer Gesangbuch" (1533/34), vor allem durch das „Neu Gsangbüchle" (1540), verhalf er dem Gemeindegesang im oberdeutsch-schweizerischen Raum zum Durchbruch.

All Morgen ist ganz frisch und neu

All Morgen ist ganz frisch und neu
des Herren Gnad und große Treu,
sie hat kein End den langen Tag,
drauf jeder sich verlassen mag.

O Gott, du schöner Morgenstern,
gib uns, was wir von dir begehrn:
Zünd deine Lichter in uns an,
lass uns an Gnad kein Mangel han.

Treib aus, o Licht, all Finsternis,
behüt uns, Herr, vor Ärgernis,
vor Blindheit und vor aller Schand
und reich uns Tag und Nacht dein Hand,

zu wandeln als am lichten Tag,
damit, was immer sich zutrag,
wir stehn im Glauben bis ans End
und bleiben von dir ungetrennt.

Johannes Zwick

Mein schönste Zier und Kleinod bist
Johannes Eccard (1553–1611), von dem der Text dieses stimmungsvollen Abendliedes stammt, war ein protestantischer Komponist und Kapellmeister in Königsberg und Berlin. Er schuf etwa 250 geistliche und weltliche Lieder.

Mein schönste Zier

Mein schönste Zier und Kleinod bist
auf Erden du, Herr Jesu Christ;
dich will ich lassen walten
und allezeit
in Lieb und Leid
in meinem Herzen halten.

Dein Lieb und Treu vor allem geht,
kein Ding auf Erd so fest besteht;
das muss ich frei bekennen.
Drum soll nicht Tod,
nicht Angst, nicht Not
von deiner Lieb mich trennen.

Dein Wort ist wahr und trüget nicht
und hält gewiss, was es verspricht,
im Tod und auch im Leben.
Du bist nun mein,
und ich bin dein,
dir hab ich mich ergeben.

Der Tag nimmt ab. Ach schönste Zier,
Herr Jesu Christ, bleib du bei mir,
es will nun Abend werden.
Lass doch dein Licht
auslöschen nicht
bei uns allhier auf Erden.

Johannes Eccard

Die güldne Sonne

Die güldne Sonne

Paul Gerhardt (1607–1676) ist mit Martin Luther wohl der bedeutendste protestantische Liederdichter. Seine Texte werden in alle Gesangbücher aufgenommen, viele von ihnen sind Gemeingut geworden, z. B. *Wach auf, mein Herz, und singe, Nun ruhen alle Wälder, O Haupt voll Blut und Wunden* oder *Befiehl du deine Wege.* Paul Gerhardts Gedichte spiegeln das tiefe Gottvertrauen wider, mit dem er persönliches Leid und die Schrecknisse des Dreißigjährigen Krieges überwand. Bis in unsere Zeit schöpfen viele Christen aus diesem einzigartigen Schatz Trost und Zuversicht für ihren Alltag. Von Paul Gerhardt sind 134 deutsche und 14 lateinische Gedichte bekannt.

Die güldne Sonne voll Freud und Wonne
bringt unsern Grenzen mit ihrem Glänzen
ein herzerquickendes, liebliches Licht.
Mein Haupt und Glieder, die lagen darnieder,
aber nun steh ich, bin munter und fröhlich,
schaue den Himmel mit meinem Gesicht.

Mein Auge schauet, was Gott gebauet
zu seinen Ehren und uns zu lehren,
wie sein Vermögen sei mächtig und groß,
und wo die Frommen dann sollen hinkommen,
wenn sie mit Frieden von hinnen geschieden
aus dieser Erden vergänglichem Schoß.

Lasset uns singen, dem Schöpfer bringen
Güter und Gaben; was wir nur haben,
alles sei Gotte zum Opfer gesetzt!
Die besten Güter sind unsre Gemüter;
dankbare Lieder sind Weihrauch und Widder,
an welchen er sich am meisten ergötzt.

Abend und Morgen sind seine Sorgen;
segnen und mehren, Unglück verwehren
sind seine Werke und Taten allein.
Wenn wir uns legen, so ist er zugegen;
wenn wir aufstehen, so lässt er aufgehen
über uns seiner Barmherzigkeit Schein.

Ich hab erhoben zu dir hoch droben
all meine Sinnen; lass mein Beginnen
ohn allen Anstoß und glücklich ergehn.
Laster und Schande, des Satanas Bande,
Fallen und Tücke treib ferne zurücke;
lass mich auf deinen Geboten bestehn.

Lass mich mit Freuden ohn alles Neiden
sehen den Segen, den du wirst legen
in meines Bruders und Nähesten Haus.
Geiziges Brennen, unchristliches Rennen
nach Gut mit Sünde, das tilge geschwinde
von meinem Herzen und wirf es hinaus.

Menschliches Wesen, was ist's gewesen?
In einer Stunde geht es zugrunde,
sobald das Lüftlein des Todes drein bläst.
Alles in allen muss brechen und fallen,
Himmel und Erden die müssen das werden,
was sie vor ihrer Erschaffung gewest.

Alles vergehet, Gott aber stehet
ohn alles Wanken; seine Gedanken,
sein Wort und Wille hat ewigen Grund.
Sein Heil und Gnaden, die nehmen nicht Schaden,
heilen im Herzen die tödlichen Schmerzen,
halten uns zeitlich und ewig gesund.

Gott, meine Krone, vergib und schone;
lass meine Schulden in Gnad und Hulden
aus deinen Augen sein abgewandt.
Sonsten regiere mich, lenke und führe,
wie dir's gefället; ich habe gestellet
alles in deine Beliebung und Hand.

Willst du mir geben, womit mein Leben
ich kann ernähren, so lass mich hören
allzeit im Herzen dies heilige Wort:
„Gott ist das Größte, das Schönste und Beste,
Gott ist das Süßte und Allergewisste,
aus allen Schätzen der edelste Hort."

Willst du mich kränken, mit Gallen tränken,
und soll von Plagen ich auch was tragen,
wohlan, so mach es, wie dir es beliebt.
Was gut und tüchtig, was schädlich und nichtig
meinem Gebeine, das weißt du alleine,
hast niemals keinen zu sehr noch betrübt.

Kreuz und Elende, das nimmt ein Ende;
nach Meeresbrausen und Windessausen
leuchtet der Sonnen gewünschtes Gesicht.
Freude die Fülle und selige Stille
wird mich erwarten im himmlischen Garten;
dahin sind meine Gedanken gericht'.

Paul Gerhardt

Geh aus, mein Herz ist das heute wohl bekannteste Lied Paul Gerhardts. Dass es zum „Sommerschlager“ werden konnte verdankt es aber auch der schmissigen Melodie von August Harder. Wer in *Geh aus, mein Herz* aber nur ein schwungvolles Natur- und Wanderlied sieht, verkennt die Tiefenstruktur des Liedes. Denn Paul Gerhardt beschreibt und preist Gottes Werke in der Natur als Vorgeschmack auf die himmlische Herrlichkeit. Genauso kann uns unser Gesang heute daran erinnern, dass wir irgendwann einmal unseren Platz im himmlischen Chor einnehmen werden.

Geh aus, mein Herz

Geh aus, mein Herz, und suche Freud
in dieser lieben Sommerzeit
an deines Gottes Gaben;
schau an der schönen Gärten Zier
und siehe, wie sie mir und dir
sich ausgeschmücket haben.

Die Bäume stehen voller Laub,
das Erdreich decket seinen Staub
mit einem grünen Kleide;
Narzissus und die Tulipan,
die ziehen sich viel schöner an
als Salomonis Seide.

Die Lerche schwingt sich in die Luft,
das Täublein fliegt aus seiner Kluft
und macht sich in die Wälder;
die hochbegabte Nachtigall
ergötzt und füllt mit ihrem Schall
Berg, Hügel, Tal und Felder.

Die Glucke führt ihr Völklein aus,
der Storch baut und bewohnt sein Haus,
das Schwälblein speist die Jungen,
der schnelle Hirsch, das leichte Reh
ist froh und kommt aus seiner Höh
ins tiefe Gras gesprungen.

Die Bächlein rauschen in dem Sand
und malen sich an ihrem Rand
mit schattenreichen Myrten;
die Wiesen liegen hart dabei
und klingen ganz vom Lustgeschrei
der Schaf und ihrer Hirten.

Die unverdrossne Bienenschar
fliegt hin und her, sucht hier und da
ihr edle Honigspeise;
Des süßen Weinstocks starker Saft
bringt täglich neue Stärk und Kraft
in seinem schwachen Reise.

Der Weizen wächset mit Gewalt;
darüber jauchzet jung und alt
und rühmt die große Güte
des, der so überfließend labt
und mit so manchem Gut begabt
das menschliche Gemüte.

Ich selber kann und mag nicht ruhn,
des großen Gottes großes Tun
erweckt mir alle Sinnen;
ich singe mit, wenn alles singt,
und lasse was dem Höchsten klingt,
aus meinem Herzen rinnen.

Geh aus, mein Herz

Ach, denk ich, bist du hier so schön
und lässt du's uns so lieblich gehn
auf dieser armen Erden:
was will doch wohl nach dieser Welt
dort in dem reichen Himmelszelt
und güldnen Schlosse werden!

Welch hohe Lust, welch heller Schein
wird wohl in Christi Garten sein!
Wie muss es da wohl klingen,
da so viel tausend Seraphim
mit unverdrossnem Mund und Stimm
ihr Halleluja singen.

O wär ich da! O stünd ich schon,
ach süßer Gott, vor deinem Thron
und trüge meine Palmen:
so wollt ich nach der Engel Weis
erhöhen deines Namens Preis,
mit tausend schönen Psalmen.

Doch gleichwohl will ich, weil ich noch
hier trage dieses Leibes Joch,
auch nicht gar stille schweigen;
mein Herze soll sich fort und fort
an diesem und an allem Ort
zu deinem Lobe neigen.

Hilf mir und segne meinen Geist
mit Segen, der vom Himmel fleußt,
dass ich dir stetig blühe;
gib, dass der Sommer deiner Gnad
in meiner Seele früh und spat
viel Glaubensfrüchte ziehe.

Mach in mir deinem Geiste Raum,
dass ich dir werd ein guter Baum,
und lass mich Wurzel treiben.
Verleihe, dass zu deinem Ruhm
ich deines Gartens schöne Blum
und Pflanze möge bleiben.

Erwähle mich zum Paradeis,
und lass mich bis zur letzten Reis
an Leib und Seele grünen,
so will ich dir und deiner Ehr
allein und sonsten keinem mehr
hier und dort ewig dienen.

PAUL GERHARDT

Du meine Seele, singe

Paul Gerhardts Du meine Seele, singe ist untrennbar mit der jubelnd aufsteigenden Melodie Johann Georg Ebelings (1637–1676) verknüpft. Die Nachdichtung des 146. Psalms hebt mit dem Lob Gottes an und beschreibt dann seine Taten als Schöpfer, Retter und Nothelfer. In der letzten Strophe zeigt Gerhardt den Menschen als „viel zu wenig“, gar eine „welke Blum“. Aber er gehört als Geschöpf zu Gott und lobt ihn weiterhin – trotz aller Schwachheit.

Du meine Seele, singe, wohlauf und singe schön
dem, welchem alle Dinge zu Dienst und Willen stehn.
Ich will den Herren droben hier preisen auf der Erd;
ich will ihn herzlich loben,
solang ich leben werd.

Wohl dem, der einzig schauet nach Jakobs Gott und Heil!
Wer dem sich anvertrauet, der hat das beste Teil,
das höchste Gut erlesen, den schönsten Schatz geliebt;
sein Herz und ganzes Wesen
bleibt ewig unbetrübt.

Hier sind die starken Kräfte, die unerschöpfte Macht;
das weisen die Geschäfte, die seine Hand gemacht:
der Himmel und die Erde mit ihrem ganzen Heer,
der Fisch unzähl'ge Herde
im großen wilden Meer.

Hier sind die treuen Sinnen, die niemand Unrecht tun,
all denen Gutes gönnen, die in der Treu beruhn.
Gott hält sein Wort mit Freuden,
und was er spricht, geschicht;
und wer Gewalt muss leiden,
den schützt er im Gericht.

Er weiß viel tausend Weisen, zu retten aus dem Tod,
ernährt und gibet Speisen zur Zeit der Hungersnot,
macht schöne rote Wangen oft bei geringem Mahl;
und die da sind gefangen,
die reißt er aus der Qual.

Er ist das Licht der Blinden, erleuchtet ihr Gesicht,
und die sich schwach befinden, die stellt er aufgericht'.
Er liebet alle Frommen, und die ihm günstig sind,
die finden, wenn sie kommen,
an ihm den besten Freund.

Er ist der Fremden Hütte, die Waisen nimmt er an,
erfüllt der Witwen Bitte, wird selbst ihr Trost und Mann.
Die aber, die ihn hassen, bezahlet er mit Grimm,
ihr Haus und wo sie saßen,
das wirft er um und um.

Ach ich bin viel zu wenig, zu rühmen seinen Ruhm;
der Herr allein ist König, ich eine welke Blum.
Jedoch weil ich gehöre gen Zion in sein Zelt,
ist's billig, dass ich mehre
sein Lob vor aller Welt.

PAUL GERHARDT

Lobe den Herren, den mächtigen König

LOBE DEN HERREN, DEN MÄCHTIGEN KÖNIG gehört konfessionsübergreifend zu den bekanntesten Kirchenliedern der Gegenwart. Sein Ursprung liegt im 17. Jahrhundert: Verfasst hat es der reformierte Theologe, Lieddichter und -komponist Joachim Neander (1650–1680) als Lied zu Psalm 103.

Lobe den Herren, den mächtigen König der Ehren,
meine geliebete Seele, das ist mein Begehren.
Kommet zuhauf,
Psalter und Harfe, wacht auf,
lasset den Wohlgesang hören!

Lobe den Herren, der alles so herrlich regieret,
der dich auf Adelers Fittichen sicher geführet,
der dich erhält,
wie es dir selber gefällt;
hast du nicht dieses verspüret?

Lobe den Herren, der künstlich und fein dich bereitet,
der dir Gesundheit verliehen, dich freundlich geleitet.
In wieviel Not
hat nicht der gnädige Gott
über dir Flügel gebreitet!

Lobe den Herren, der deinen Stand sichtbar gesegnet,
der aus dem Himmel mit Strömen der Liebe geregnet.
Denke daran,
was der Allmächtige kann,
der dir mit Liebe begegnet.

Lobe den Herren, was in mir ist, lobe den Namen.
Alles, was Odem hat, lobe mit Abrahams Samen.
Er ist dein Licht,
Seele, vergiss es ja nicht.
Lobende, schließe mit Amen!

JOACHIM NEANDER

Es ist dem Lied heute nicht mehr anzumerken, dass es – obwohl es geschlossen und einheitlich wirkt – aus Strophen dreier Lieder zusammengesetzt ist und im 20. Jahrhundert außerdem noch eine Bearbeitung erfahren hat. Vier Dichter sind somit an der uns vorliegenden Fassung beteiligt gewesen.

Auf den Herrnhuter Erweckungsprediger Christian David (1691–1751) gehen die Strophen 1 und 6 zurück. Von Christian Gottlob Barth (1799–1862), Pfarrer und Gründer des Calwer Verlags, stammen die Strophen 2, 4 und 5. Johann Christian Nehring (1671–1736), der mit den Pietisten August Hermann Francke und Johann Anastasius Freylinghausen befreundet war, verfasste die Strophen 3 und 7.

Die heutige Textgestalt des Liedes ist freilich das Werk von Otto Riethmüller (1889–1938). Er hat als derjenige zu gelten, der das Lied aus Strophen der drei genannten Dichter zusammengesetzt hat.

Sonne der Gerechtigkeit

Sonne der Gerechtigkeit,
gehe auf zu unsrer Zeit;
brich in deiner Kirche an,
dass die Welt es sehen kann.
Erbarm dich, Herr.

Weck die tote Christenheit
aus dem Schlaf der Sicherheit,
dass sie deine Stimme hört,
sich zu deinem Wort bekehrt.
Erbarm dich, Herr!

Schaue die Zertrennung an,
der sonst niemand wehren kann;
sammle, großer Menschenhirt,
alles, was sich hat verirrt.
Erbarm dich, Herr!

Tu der Völker Türen auf;
deines Himmelreiches Lauf
hemme keine List noch Macht.
Schaffe Licht in dunkler Nacht.
Erbarm dich, Herr!

Gib den Boten Kraft und Mut,
Glauben, Hoffnung, Liebesglut,
und lass viel Früchte deiner Gnad,
folgen ihrer Tränensaat.
Erbarm dich, Herr!

Lass uns deine Herrlichkeit
ferner sehn in dieser Zeit
und mit unsrer kleinen Kraft
üben gute Ritterschaft.
Erbarm dich, Herr!

Kraft, Lob, Ehr und Herrlichkeit
sei dem Höchsten allezeit,
der, wie er ist drei in ein,
uns in ihm lässt eines sein.
Erbarm dich, Herr!

Christian David
Christian Gottlob Barth
Johann Christian Nehring

Nach einer Zeit intensiver geistiger und religiöser Suche wurde Gerhard Tersteegen (1697–1769) als Prediger, Seelsorger, Schriftsteller und Mystiker zu einem der wichtigsten Vertreter des Pietismus im 18. Jahrhundert. Seit 1728 wirkte er als Prediger in der protestantischen Erweckungsbewegung und verfasste zahlreiche Schriften. 1729 veröffentlichte er unter dem Titel *Geistliches Blumengärtlein inniger Seelen* Kirchenlieder, die zum Teil noch heute Gemeingut in evangelischen Gemeinden sind (z. B. *Ich bete an die Macht der Liebe*).

Gott ist gegenwärtig.
Lasset uns anbeten
und in Ehrfurcht vor ihn treten.
Gott ist in der Mitte.
Alles in uns schweige
und sich innigst vor ihm beuge.
Wer ihn kennt,
wer ihn nennt,
schlag die Augen nieder;
kommt, ergebt euch wieder.

Gott ist gegenwärtig,
dem die Cherubinen
Tag und Nacht gebücket dienen.
Heilig, heilig, heilig!
singen ihm zur Ehre
aller Engel hohe Chöre.
Herr, vernimm
unsre Stimm,
da auch wir Geringen
unsre Opfer bringen.

Wir entsagen willig
allen Eitelkeiten,
aller Erdenlust und Freuden;
da liegt unser Wille,
Seele, Leib und Leben,
dir zum Eigentum ergeben.
Du allein
sollst es sein,
unser Gott und Herre,
dir gebührt die Ehre!

Majestätisch Wesen,
möcht ich recht dich preisen
und im Geist dir Dienst erweisen.
Möcht ich wie die Engel
immer vor die stehen
und dich gegenwärtig sehen.
Lass mich dir
für und für
trachten zu gefallen,
liebster Gott, in allem.

Luft, die alles füllet,
drin wir immer schweben,
aller Dinge Grund und Leben,
Meer ohn Grund und Ende,
Wunder aller Wunder:
ich senk mich in dich hinunter.
Ich in dir,
du in mir,
lass mich ganz verschwinden,
dich nur sehn und finden.

Du durchdringst alles;
lass dein schönstes Lichte,
Herr, berühren mein Gesichte.
Wie die zarten Blumen
willig sich entfalten
und der Sonne stille halten,
lass mich so,
still und froh,
deine Strahlen fassen
und dich wirken lassen.

Mache mich einfältig,
innig, abgeschieden,
sanft und still in deinem Frieden;
mach mich reines Herzens,
dass ich deine Klarheit
schauen mag in Geist und Wahrheit;
lass mein Herz
überwärts
wie ein' Adler schweben
und in dir nur leben.

Herr, komm in mir wohnen,
lass mein' Geist auf Erden
dir ein Heiligtum noch werden;
komm, du nahes Wesen,
dich in mir verkläre,
dass ich dich stets lieb und ehre.
Wo ich geh,
sitz und steh,
lass mich dich erblicken
und vor dir mich bücken.

Gerhard Tersteegen

Nikolaus Ludwig Graf von Zinzendorf (1700–1760) gehört zu den bekanntesten und originellsten Persönlichkeiten des Pietismus im 18. Jahrhundert. Auf seinem Gut Berthelsdorf in der Oberlausitz nahm er 1722 Glaubensflüchtlinge aus Mähren auf, Nachkommen der alten böhmisch-mährischen Brüder-Unität, die im habsburgischen Reich ständigen Verfolgungen ausgesetzt waren. Sie gründeten in Zinzendorfs Herrschaftsbereich die Siedlung Herrnhut, die regen Zuzug aus Böhmen und Mähren, aber auch aus Deutschland hatte. Unter der Leitung Zinzendorfs fanden sich hier überzeugte Christen aus verschiedenen Konfessionen zu einer Lebens- und Glaubensgemeinschaft zusammen. So entstand die „Herrnhuter Brüdergemeine“, die viele Traditionen der alten Brüder-Unität bewahrte. Bis heute sind in der Christenheit die „Herrnhuter Losungen“ bekannt und weit verbreitet.

Herz und Herz vereint zusammen

Herz und Herz vereint zusammen
sucht in Gottes Herzen Ruh.
Lasset eure Liebesflammen
lodern auf den Heiland zu.
Er das Haupt, wir seine Glieder,
er das Licht und wir der Schein,
er der Meister, wir die Brüder,
er ist unser, wir sind sein.

Kommt, ach kommt, ihr Gnadenkinder,
und erneuert euren Bund,
schwöret unserm Überwinder
Lieb und Treu aus Herzensgrund;
und wenn eurer Liebeskette
Festigkeit und Stärke fehlt,
o so flehet um die Wette,
bis sie Jesus wieder stählt.

Legt es unter euch, ihr Glieder,
auf so treues Lieben an,
dass ein jeder für die Brüder
auch das Leben lassen kann.
So hat uns der Freund geliebet,
so vergoss er dort sein Blut;
denkt doch, wie es ihn betrübet,
wenn ihr euch selbst Eintrag tut.

Halleluja, welche Höhen,
welche Tiefen reicher Gnad,
dass wir dem ins Herze sehen,
der uns so geliebet hat;
dass der Vater aller Geister,
der der Wunder Abgrund ist,
dass du, unsichtbarer Meister,
uns so fühlbar nahe bist.

Ach du holder Freund, vereine
deine dir geweihte Schar,
dass sie es so herzlich meine,
wie's dein letzter Wille war.
Ja verbinde in der Wahrheit,
die du selbst im Wesen bist,
alles, was von deiner Klarheit
in der Tat erleuchtet ist.

Liebe, hast du es geboten,
dass man Liebe üben soll,
o so mache doch die toten,
trägen Geister lebensvoll.
Zünde an die Liebesflamme,
dass ein jeder sehen kann:
wir, als die von einem Stamme,
stehen auch für einen Mann.

Lass uns so vereinigt werden,
wie du mit dem Vater bist,
bis schon hier auf dieser Erden
kein getrenntes Glied mehr ist,
und allein von deinem Brennen
nehme unser Licht den Schein;
also wird die Welt erkennen,
dass wir deine Jünger sein.

Nikolaus Ludwig von Zinzendorf

Jesu, geh voran

Jesu, geh voran gilt als das bekannteste der rund 2000 Kirchenlieder, die Zinzendorf hinterlassen hat. In der „Herrnhuter Brüdergemeine“ hatte der Gemeindegesang einen hohen Stellenwert, denn Zinzendorf war der Ansicht: „Eine Gemeinde ohne Lieder kann keine Freude auf der Welt haben.“

Jesu, geh voran
auf der Lebensbahn!
Und wir wollen nicht verweilen,
dir getreulich nachzueilen;
führ uns an der Hand
bis ins Vaterland.

Soll's uns hart ergehn,
lass uns feste stehn
und auch in den schwersten Tagen
niemals über Lasten klagen;
denn durch Trübsal hier
geht der Weg zu dir.

Rühret eigner Schmerz
irgend unser Herz,
kümmert uns ein fremdes Leiden,
o so gib Geduld zu beiden;
richte unsern Sinn
auf das Ende hin.

Ordne unsern Gang,
Jesu, lebenslang.
Führst du uns durch raue Wege,
Gib uns auch die nöt'ge Pflege;
tu uns nach dem Lauf
deine Türe auf.

NIKOLAUS LUDWIG VON ZINZENDORF

Großer Gott, wir loben dich

Grosser Gott, wir loben dich

ist ein ökumenisches deutsches Kirchenlied, das 1771 von dem katholischen Priester und Theologen Ignaz Franz (1719 –1776) nach dem lateinischen *Te Deum laudamus* aus dem 4. Jahrhundert verfasst wurde. Es ist eines der bekanntesten Kirchenlieder überhaupt und aufgrund seiner einprägsamen Melodie und der besonders majestätischen Klanggestaltung fester Bestandteil insbesondere der katholischen Messfeiern zu besonders feierlichen Anlässen. Als eines der wenigen ursprünglich katholischen Lieder wird es auch häufig im Protestantismus gesungen. Es ist durch die deutsche Auswanderung nach Nordamerika in seiner englischsprachigen Form (*Holy God, we praise thy name*) auch dort zu einem der am weitesten verbreiteten Kirchenlieder geworden.

Großer Gott, wir loben dich,
Herr, wir preisen deine Stärke.
Vor dir neigt die Erde sich
und bewundert deine Werke.
Wie du warst vor aller Zeit,
so bleibst du in Ewigkeit.

Alles, was dich preisen kann,
Cherubim und Seraphinen,
stimmen dir ein Loblied an,
alle Engel, die dir dienen,
rufen dir stets ohne Ruh:
„Heilig, heilig, heilig!“ zu.

Heilig, Herr Gott Zebaoth!
Heilig, Herr der Himmelsheere!
Starker Helfer in der Not!
Himmel, Erde, Luft und Meere
sind erfüllt von deinem Ruhm;
alles ist dein Eigentum.

Der Apostel heilger Chor,
der Propheten hehre Menge
schickt zu deinem Thron empor
neue Lob- und Dankgesänge;
der Blutzeugen lichte Schar
lobt und preist dich immerdar.

Dich, Gott Vater auf dem Thron,
loben Große, loben Kleine.
Deinem eingebornen Sohn
singt die heilige Gemeinde,
und sie ehrt den Heilgen Geist,
der uns seinen Trost erweist.

Du, des Vaters ewger Sohn,
hast die Menschheit angenommen,
bist vom hohen Himmelsthron
zu uns auf die Welt gekommen,
hast uns Gottes Gnad gebracht,
von der Sünd uns frei gemacht.

Durch dich steht das Himmelstor
allen, welche glauben, offen;
du stellst uns dem Vater vor,
wenn wir kindlich auf dich hoffen;
du wirst kommen zum Gericht,
wenn der letzte Tag anbricht.

Herr, steh deinen Dienern bei,
welche dich in Demut bitten.
Kauftest durch dein Blut uns frei,
hast den Tod für uns gelitten;
nimm uns nach vollbrachtem Lauf
zu dir in den Himmel auf.

Sieh dein Volk in Gnaden an.
Hilf uns, segne, Herr, dein Erbe;
leit es auf der rechten Bahn,
dass der Feind es nicht verderbe.
Führe es durch diese Zeit,
nimm es auf in Ewigkeit.

Alle Tage wollen wir
dich und deinen Namen preisen
und zu allen Zeiten dir
Ehre, Lob und Dank erweisen.
Rett aus Sünden, rett aus Tod,
sei uns gnädig, Herre Gott!

Herr, erbarm, erbarme dich.
Lass uns deine Güte schauen;
deine Treue zeige sich,
wie wir fest auf dich vertrauen.
Auf dich hoffen wir allein:
lass uns nicht verloren sein.

Ignaz Franz

Der Mond ist aufgegangen

DAS ABENDLIED DER MOND IST AUFGEGANGEN von Matthias Claudius (1740–1815) gehört zu den bekanntesten Gedichten der deutschen Literatur. Es wurde zum ersten Mal im „Vossischen Musenalmanach" veröffentlicht und fehlte von da an in kaum einer Anthologie. Vorlage war das Gedicht „Nun ruhen alle Wälder" von Paul Gerhardt aus dem Jahre 1653.

Der Mond ist aufgegangen,
die goldnen Sternlein prangen
am Himmel hell und klar.
Der Wald steht schwarz und schweiget,
und aus den Wiesen steiget
der weiße Nebel wunderbar.

Wie ist die Welt so stille
und in der Dämmrung Hülle
so traulich und so hold
als eine stille Kammer,
wo ihr des Tages Jammer
verschlafen und vergessen sollt.

Seht ihr den Mond dort stehen?
Er ist nur halb zu sehen
und ist doch rund und schön.
So sind wohl manche Sachen,
die wir getrost belachen,
weil unsre Augen sie nicht sehn.

Wir stolzen Menschenkinder
sind eitel arme Sünder
und wissen gar nicht viel.
Wir spinnen Luftgespinste
und suchen viele Künste
und kommen weiter von dem Ziel.

Gott, lass dein Heil uns schauen,
auf nichts Vergänglichs trauen,
nicht Eitelkeit uns freun;
lass uns einfältig werden
und vor Dir hier auf Erden
wie Kinder fromm und fröhlich sein.

Wollst endlich sonder Grämen
aus dieser Welt uns nehmen
durch einen sanften Tod;
und wenn du uns genommen,
lass uns in Himmel kommen,
du unser Herr und unser Gott.

So legt euch denn, ihr Brüder,
in Gottes Namen nieder;
kalt ist der Abendhauch.
Verschon uns, Gott, mit Strafen,
und lass uns ruhig schlafen.
Und unsern kranken Nachbar auch!

MATTHIAS CLAUDIUS

Wir pflügen, und wir streuen (ursprünglich *Das Bauernlied*) von Matthias Claudius wird heute besonders zum Erntedankfest gesungen. Claudius war Redakteur der Zeitschrift „Wandsbecker Bote"; seine Erzählungen und Betrachtungen, vor allem aber seine gemütstiefe Lyrik mit einem bis dahin unbekannten heiter-frommen Ton und ehrfürchtiger Herzensfrömmigkeit fanden weite Beachtung.

Wir pflügen, und wir streuen

Wir pflügen, und wir streuen
den Samen auf das Land,
doch Wachstum und Gedeihen
steht in des Himmels Hand:
der tut mit leisem Wehen
sich mild und heimlich auf
und träuft, wenn heim wir gehen,
Wuchs und Gedeihen drauf.
Alle gute Gabe
kommt her von Gott dem Herrn,
drum dankt ihm, dankt,
drum dankt ihm, dankt
und hofft auf ihn!

Er sendet Tau und Regen
und Sonn- und Mondenschein,
er wickelt seinen Segen
gar zart und künstlich ein
und bringt ihn dann behende
in unser Feld und Brot:
es geht durch unsre Hände,
kommt aber her von Gott.
Alle gute Gabe
kommt her von Gott dem Herrn,
drum dankt ihm, dankt,
drum dankt ihm, dankt
und hofft auf ihn!

Was nah ist und was ferne,
von Gott kommt alles her,
der Strohhalm und die Sterne,
der Sperling und das Meer.
Von ihm sind Büsch und Blätter
und Korn und Obst von ihm,
das schöne Frühlingswetter
und Schnee und Ungestüm.
Alle gute Gabe
kommt her von Gott dem Herrn,
drum dankt ihm, dankt,
drum dankt ihm, dankt
und hofft auf ihn!

Er lässt die Sonn aufgehen,
er stellt des Mondes Lauf;
er lässt die Winde wehen
und tut den Himmel auf.
Er schenkt uns so viel Freude,
er macht uns frisch und rot;
er gibt den Kühen Weide
und unsern Kindern Brot.
Alle gute Gabe
kommt her von Gott dem Herrn,
drum dankt ihm, dankt,
drum dankt ihm, dankt
und hofft auf ihn!

Matthias Claudius

Danket dem Herrn!

Wir danken dem Herrn

Danket dem Herrn! Wir danken dem Herrn ist das bekannteste Lied von Karl Friedrich Wilhelm Herrosee (1754–1821); entstanden ist es 1810. Herrosee war Hofprediger am Dom in Berlin, später Superintendent in Züllichau an der Oder. Die frische Melodie schuf Karl Friedrich Schulz (1784–1850), der in dieser Zeit Gesanglehrer in Züllichau war.

Danket dem Herrn!
Wir danken dem Herrn,
denn er ist freundlich,
und seine Güte währet ewiglich,
sie währet ewiglich,
sie währet ewiglich!

Lobet den Herrn!
Ja, lobe den Herrn
auch meine Seele;
vergiss es nie, was er dir Guts getan,
was er dir Guts getan,
was er dir Guts getan!

Sein ist die Macht!
Allmächtig ist Gott;
sein Tun ist weise,
und seine Huld ist jeden Morgen neu,
ist jeden Morgen neu,
ist jeden Morgen neu!

Groß ist der Herr;
ja groß ist der Herr;
sein Nam ist heilig,
und alle Welt ist seiner Ehre voll,
ist seiner Ehre voll,
ist seiner Ehre voll!

Betet ihn an!
Anbetung dem Herrn;
mit hoher Ehrfurcht
werd auch von uns sein Name stets genannt,
sein Name stets genannt,
sein Name stets genannt!

Singet dem Herrn!
Lobsinget dem Herrn
in frohen Chören,
denn er vernimmt auch unsern Lobgesang,
auch unsern Lobgesang,
auch unsern Lobgesang!

Karl Friedrich Wilhelm Herrosee

Stern, auf den ich schaue

Der Theologe Friedrich Wilhelm Krummacher (1796–1868) war Anhänger der Erweckungsbewegung. Seine biblisch orientierten Predigten lösten regelrechte „Völkerwanderungen“ aus; weil der Platz in den Kirchen nicht ausreichte, wurden Kirchenfenster ausgehängt, um Krummacher auch von draußen zu hören. Seine Predigten über den Propheten Elia haben den Komponisten Felix Mendelssohn Bartholdy zur Komposition des Elia-Oratoriums (1846) angeregt. Wie sein Vater und wie sein Sohn hat Krummacher auch zahlreiche Kirchenlieder geschrieben, die bis heute zum Liedgut evangelischer Gesangbücher gehören.

Stern, auf den ich schaue,
Fels, auf dem ich steh,
Führer, dem ich traue,
Stab, an dem ich geh,
Brot, von dem ich lebe,
Quell, an dem ich ruh,
Ziel, das ich erstrebe,
alles, Herr, bist du.

Ohne dich, wo käme
Kraft und Mut mir her?
Ohne dich, wer nähme
meine Bürde, wer?
Ohne dich, zerstieben
würden mir im Nu
Glauben, Hoffen, Lieben,
alles, Herr, bist du.

Drum so will ich wallen
meinen Pfad dahin,
bis die Glocken schallen
und daheim ich bin.
Dann mit neuem Klingen
jauchz ich froh dir zu:
nichts hab ich zu bringen,
alles, Herr, bist du!

Friedrich Wilhelm Krummacher

Der Theologe August Hermann Franke (1853–1891) – nicht zu verwechseln mit dem pietistischen Theologen August Hermann Francke (1663–1727) – war Professor für Altes und Neues Testament und wurde als Verfasser zahlreicher Lieder bekannt („Deutsche Psalmen, Geistliche Lieder und Gedichte", 1889).

Nun aufwärts froh den Blick gewandt
und vorwärts fest den Schritt!
Wir gehn an unsers Meisters Hand,
und unser Herr geht mit.

Vergesset, was dahinten liegt
und euern Weg beschwert;
was ewig euer Herz vergnügt,
ist wohl des Opfers wert.

Und was euch noch gefangen hält,
o werft es von euch ab!
Begraben sei die ganze Welt
für euch in Christi Grab.

So steigt ihr frei mit ihm hinan
zu lichten Himmelshöhn.
Er uns vorauf, er bricht uns Bahn –
wer will ihm widerstehn?

Drum aufwärts froh den Blick gewandt
und vorwärts fest den Schritt!
Wir gehn an unsers Meisters Hand,
und unser Herr geht mit.

AUGUST HERMANN FRANKE

Abend ward, bald kommt die Nacht

Das Werk des Dichters Rudolf Alexander Schröder (1878–1962) ist durch eine protestantisch-biblische Religiosität geprägt. Er wurde dadurch zu einem wichtigen Erneuerer des evangelischen Kirchenliedes im 20. Jahrhundert.
In der Zeit des Nationalsozialismus schloss er sich der Bekennenden Kirche an und hielt als Laienprediger der evangelisch-lutherischen Kirche Bayerns Gottesdienste.

Abend ward, bald kommt die Nacht,
schlafen geht die Welt;
denn sie weiß, es ist die Wacht
über ihr bestellt.

Einer wacht und trägt allein
ihre Müh und Plag,
der lässt keinen einsam sein,
weder Nacht noch Tag.

Jesu Christ, mein Hort und Halt,
dein gedenk ich nun,
tu mit Bitten dir Gewalt:
Bleib bei meinem Ruhn.

Wenn dein Aug ob meinem wacht,
wenn dein Trost mir frommt,
weiß ich, dass auf gute Nacht
guter Morgen kommt.

Rudolf Alexander Schröder

Auf, Seele, Gott zu loben

AUF, SEELE, GOTT ZU LOBEN ist eine Umdichtung von Psalm 104 aus dem Jahr 1947. Sie stammt von Martha Müller-Zitzke (1899–1972), eine der wenigen Liederdichterinnen im evangelischen Gesangbuch. Sie war Mitglied einer Evangelisch-Freikirchlichen Gemeinde und wurde durch ihre christliche Lyrik bekannt.

Auf, Seele, Gott zu loben. Gar herrlich steht sein Haus!
Er spannt den Himmel droben gleich einem Teppich aus.
Er fährt auf Wolkenwagen, und Flammen sind sein Kleid.
Windfittiche ihn tragen, zu Diensten ihm bereit.

Gott hat das Licht entzündet, er schuf des Himmels Heer.
Das Erdreich ward gegründet, gesondert Berg und Meer.
Die kühlen Brunnen quellen im jauchzend grünen Grund,
die klaren Wasser schnellen aus Schlucht und Bergesgrund.

Vom Tau die Gräser blinken, im Wald die Quelle quillt,
daraus die Tiere trinken, die Vögel und das Wild.
Die Vögel in den Zweigen lobsingen ihm in Ruh,
und alle Bäume neigen ihm ihre Früchte zu.

Gott lässet Saaten werden zur Nahrung Mensch und Vieh.
Er bringet aus der Erden das Brot und sättigt sie.
Er sparet nicht an Güte, die Herzen zu erfreun.
Er schenkt die Zeit der Blüte, gibt Früchte, Öl und Wein.

Der Wald hat ihn erschauet und steht in Schmuck und Zier.
Gott hat den Berg gebauet zur Zuflucht dem Getier.
Das Jahr danach zu teilen, hat er den Mond gemacht.
Er lässt die Sonne eilen und gibt den Trost der Nacht.

Den Menschen heißt am Morgen er an das Tagwerk gehn,
lässt ihn in Plag und Sorgen das Werk der Allmacht sehn.
Er ist der treue Hüter, wacht über Meer und Land,
die Erd ist voll der Güter und Gaben seiner Hand.

Lass dir das Lied gefallen. Mein Herz in Freuden steht.
Dein Loblied soll erschallen, solang mein Odem geht.
Du tilgst des Sünders Fehle und bist mit Gnade nah.
Lob Gott, o meine Seele, sing ihm Halleluja.

MARTHA MÜLLER-ZITZKE

Von guten Mächten wunderbar geborgen

Der lutherische Theologe Dietrich Bonhoeffer (1906–1945) war ein profilierter Vertreter der Bekennenden Kirche und nahm am deutschen Widerstand gegen den Nationalsozialismus teil. Am 5. April 1943 wurde er verhaftet und zwei Jahre später auf Befehl Adolf Hitlers als einer der letzten NS-Gegner, die mit dem Attentat des 20. Juli 1944 in Verbindung gebracht wurden, hingerichtet. »Hier noch ein paar Verse, die mir in den letzten Abenden einfielen. Sie sind der Weihnachtsgruß für Dich und die Eltern und Geschwister.« Mit diesen Worten legte Dietrich Bonhoeffer sein berühmt gewordenes Gedicht *Von guten Mächten wunderbar geborgen* seinem vorletzten Brief aus der Haft bei. Drei Monate später, am 9. April 1945, wurde er von den Nationalsozialisten ermordet.

Bonhoeffers siebenstrophiges Gedicht hat seit den fünfziger Jahren des vorigen Jahrhunderts bis zum heutigen Tag eine enorme Breitenwirkung gehabt; die Schlussverse haben sich wie kein anderer Text als Leit-, Lebens- und Trostspruch allüberall durchgesetzt. Das Gedicht, eigentlich das letzte erhaltene theologische Dokument aus Bonhoeffers Feder, stellt so etwas wie ein authentisches Vermächtnis des großen Theologen dar.

Von guten Mächten treu und still umgeben,
behütet und getröstet wunderbar,
so will ich diese Tage mit euch leben
und mit euch gehen in ein neues Jahr.

Noch will das Alte unsre Herzen quälen,
noch drückt uns böser Tage schwere Last.
Ach Herr, gib unsren aufgeschreckten Seelen
das Heil, für das du uns geschaffen hast.

Und reichst du uns den schweren Kelch, den bittern
des Leids, gefüllt bis an den höchsten Rand,
so nehmen wir ihn dankbar ohne Zittern
aus deiner guten und geliebten Hand.

Doch willst du uns noch einmal Freude schenken
an dieser Welt und ihrer Sonne Glanz,
dann wolln wir des Vergangenen gedenken,
und dann gehört dir unser Leben ganz.

Lass warm und still die Kerzen heute flammen,
die du in unsre Dunkelheit gebracht,
führ, wenn es sein kann, wieder uns zusammen.
Wir wissen es, dein Licht scheint in der Nacht.

Wenn sich die Stille nun tief um uns breitet,
so lass uns hören jenen vollen Klang
der Welt, die unsichtbar sich um uns weitet,
all deiner Kinder hohen Lobgesang.

Von guten Mächten wunderbar geborgen,
erwarten wir getrost, was kommen mag.
Gott ist mit uns am Abend und am Morgen
und ganz gewiss an jedem neuen Tag.

Dietrich Bonhoeffer

Eugen Eckert (geb. 1954) ist seit 1990 evangelischer Pfarrer, außerdem unterrichtet er als Lehrbeauftragter an der Hochschule für Musik und Darstellende Kunst in Frankfurt. Seit 1976 schreibt Eugen Eckert Texte neuer geistlicher Lieder. Mehr als 1000 Lieder sind seither entstanden; zu den bekanntesten zählt sicherlich das beliebte Segenslied *Bewahre uns, Gott.*

Bewahre uns, Gott, behüte uns, Gott,
sei mit uns auf unsern Wegen.
Sei Quelle und Brot in Wüstennot,
sei um uns mit deinem Segen.

Bewahre uns, Gott, behüte uns, Gott,
sei mit uns in allem Leiden.
Voll Wärme und Licht im Angesicht,
sei nahe in schweren Zeiten.

Bewahre uns, Gott

Bewahre uns, Gott, behüte uns, Gott,
sei mit uns vor allem Bösen.
Sei Hilfe, sei Kraft, die Frieden schafft,
sei in uns, uns zu erlösen.

Bewahre uns, Gott, behüte uns, Gott,
sei mit uns durch deinen Segen.
Dein Heiliger Geist, der Leben verheißt,
sei um uns auf unsern Wegen.

EUGEN ECKERT

MEINE WEIHNACHTSNÄHSTUBE

Laura Wilhelm

MEINE WEIHNACHTS-NÄHSTUBE

Dekorationen und Geschenke nähen

Merry Christmas
FROHE
FROHE

Alle Jahre wieder kommt die Weihnachtszeit

… und mit ihr die Kerzen und Lichter, die Weihnachtsmärkte, die besonderen Düfte und der Wunsch, zur Ruhe zu kommen, das eigene Heim zu schmücken und Bräuche zu pflegen, die uns wichtig sind.

Die Weihnachtszeit in meiner Familie ist durch finnische Traditionen geprägt. Eine ganz besondere Kindheitserinnerung habe ich an unsere „jouluvalvojaiset". Frei übersetzt heißt das so viel wie „Weihnachtsaufbleibwerkstatt". Das waren die Abende in der Adventszeit, an denen wir Kinder viel länger aufbleiben durften als sonst, um zusammen mit der ganzen Familie Weihnachtsgeschenke zu basteln, zu werkeln oder zu nähen. Es gab herrlich duftenden „glögi" (finnischen Weihnachtspunsch) und man durfte sogar von den eigentlich noch unter Verschluss gehaltenen „piparkakku" (Pfefferkuchen) probieren! Das war spannend, geheimnisvoll, familiär und so stimmungsvoll!

So genieße ich es bis heute, wenn in meinem Atelier weihnachtliche Stimmung einzieht. Ich liebe es, Dekorationen und Geschenke zu entwickeln, und wie früher dürfen Punsch und erste selbst gebackene Plätzchen nicht fehlen. Am schönsten ist es, wenn in dieser Zeit Familienmitglieder oder Freunde vorbeischauen und mitmachen – da habe ich wieder dieses herrlich warme Gefühl und bin im Herzen wieder das glückliche Kind an der Nähmaschine, das sich freut, anderen mit etwas Selbstgenähtem eine Freude bereiten zu können.

Alle Jahre wieder kommt die Weihnachtsnähzeit. Ich wünsche Ihnen viel Freude mit diesem Buch, stimmungsvolle Nähstunden und schöne Festtage!

Herzlichst *Ihre Laura Wilhelm*

Inhalt

ABENDSTIMMUNG

Lichterhäuser mit LED-Lämpchen

* * *

GRÖSSE

Kleines Lichterhaus
10 cm x 17 cm x 7 cm
Großes Lichterhaus
12 cm x 20 cm x 8 cm
Die Angaben für die zwei Größen sind durch Schrägstriche getrennt.

MATERIAL

- Stoff 1: Baumwoll- oder Leinenstoff in Weiß, 45 cm x 25 cm / 50 cm x 25 cm
- Stoff 2: Baumwollstoff in Rot-Weiß oder Schwarz-Weiß gemustert, 25 cm x 25 cm / 25 cm x 30 cm
- aufbügelbare Vlieseinlage (z. B. Vlieseline H 220), 70 cm x 25 cm / 75 cm x 25 cm
- doppelseitig aufbügelbares Klebevlies (z. B. Vliesofix), Rest
- farblich passendes Nähgarn
- batteriebetriebene LED-Lichterkette oder LED-Teelicht
- kleine Wäscheklammer und Deko-Anhänger (optional)
- Kopierpapier
- radierbarer Marker (siehe Seite 83

HINWEIS:

Beleuchtet werden die Lichterhäuser mit LED-Lichtern, die sich nicht erhitzen können. Sie können einzelne Häuser mit kleinen batteriebetriebenen Lichterketten bestücken. Für ein ganzes Lichterdorf verwenden Sie am besten eine mehrsträngige Lichterkette mit Netzteil. Die Stränge werden durch kleine Öffnungen in der Bodennaht ins Innere der Lichterhäuser gefädelt. So kann das Lichterdorf bequem am Stecker ein- und ausgeschaltet werden.

SCHNITTMUSTERBOGEN C

NAHTZUGABEN

Die Schnittmuster enthalten 1 cm Nahtzugabe und 2 cm Saumzugabe.

ZUSCHNITT

Stoff 1
2x Korpus

Stoff 2
2x Dach

Vlieseinlage
2x Korpus
2x Dach

1 Die Vlieseinlage passgenau auf die linke Stoffseite der Korpusteile und der Dachteile bügeln.

2 Die Hausansicht auf die vordere Korpusseite zeichnen, dazu die Zeichnung mithilfe von Kopierpapier mit Marker auf den Stoff übertragen oder durchpausen.

3 Die Linien der Zeichnung mit Geradstich und kleiner Stichlänge zweifach absteppen (siehe Seite 80 „Motive nachnähen").

Dabei in den Ecken jeweils die Nadel im Stoff stecken lassen oder mit dem Handrad in den Stoff drehen. Achtung: Das Handrad immer

zum eigenen Körper hin drehen, nie in die andere Richtung, sonst entstehen Schlaufen. Anschließend das Nähmaschinenfüßchen heben und das Nähgut in die neue Nährichtung drehen. Das Nähmaschinenfüßchen wieder senken und bis zur nächsten Ecke nähen, wo sich der Vorgang wiederholt.

4 Das Herz applizieren (siehe Seite 80 „Motive applizieren" und „Motive nachnähen"). Das Vorderteil anschließend mit Dampf bügeln, damit die Markierungen verschwinden.

5 Die horizontalen Quernähte gemäß Markierung auf die Dachteile zeichnen.

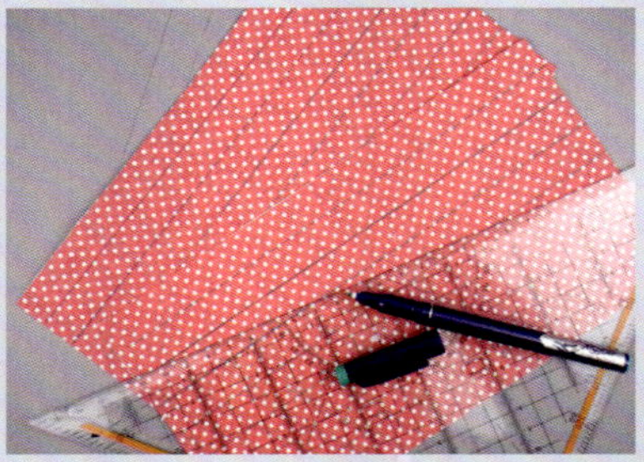

6 Die Linien nachsteppen. Sie können dazu einen Gerad- oder Zickzackstich oder auch Ziernähte verwenden. Die Geradstiche können auch doppelt gesteppt werden.

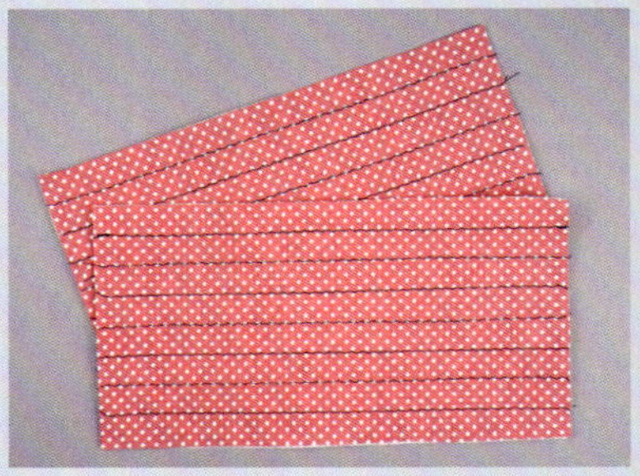

7 Die Dachteile rechts auf rechts auf die Korpusteile legen und an der oberen Kante heften.

8 Die Dachteile an die Korpusteile steppen. Die Nahtzugaben auf 5 mm zurückschneiden, zusammengefasst mit Zickzack- oder Overlockstich versäubern und nach oben bügeln.

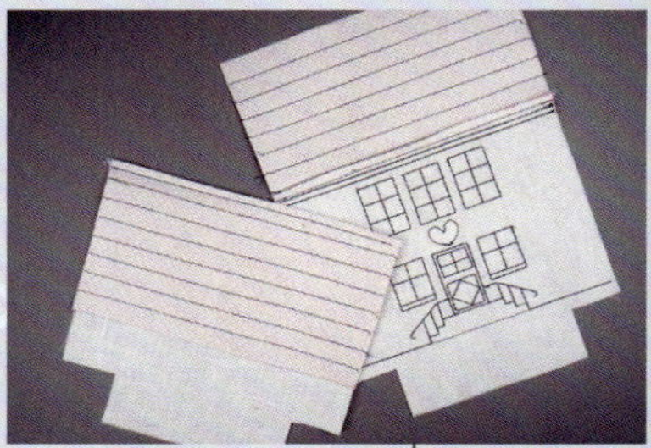

9 Die Hausteile rechts auf rechts legen. Die Seitenkanten und den Boden heften.

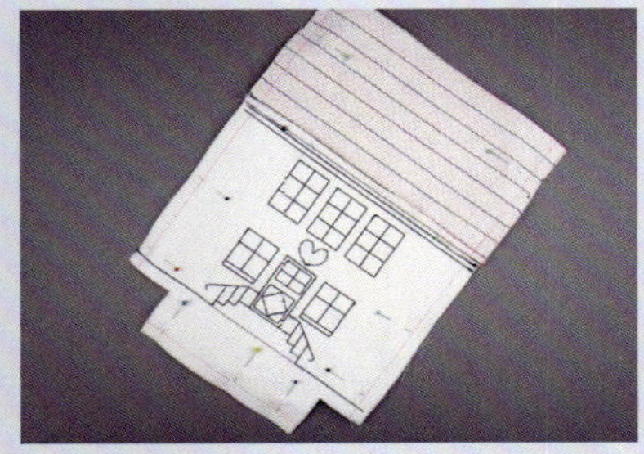

Die Seitennähte und die Bodennaht schließen, dabei die inneren Ecken aussparen (im Foto zur besseren Sichtbarkeit mit kontrastfarbenem Garn genäht). Die Nahtzugaben auf 5 mm zurückschneiden und zusammengefasst mit Zickzack- oder Overlockstich versäubern.

10 Die Stofflagen auseinanderziehen und die Kanten der inneren Ecken am Boden aufeinanderlegen und heften, dabei die Nahtzugaben der Seitenkanten und des Bodens nach hinten legen.

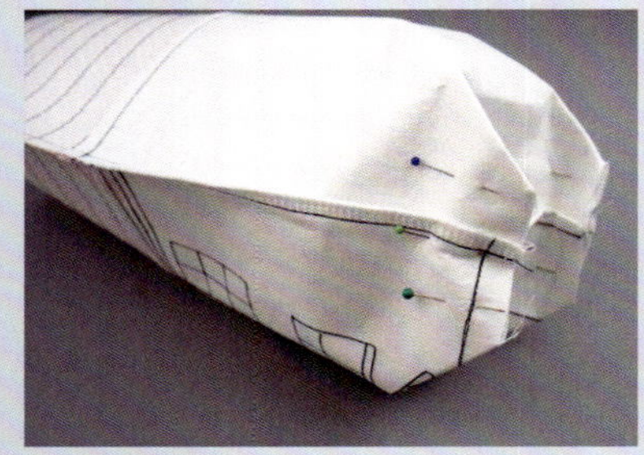

Die Kanten steppen. Die Nahtzugaben auf 5 mm zurückschneiden und zusammengefasst mit Zickzack- oder Overlockstich versäubern.

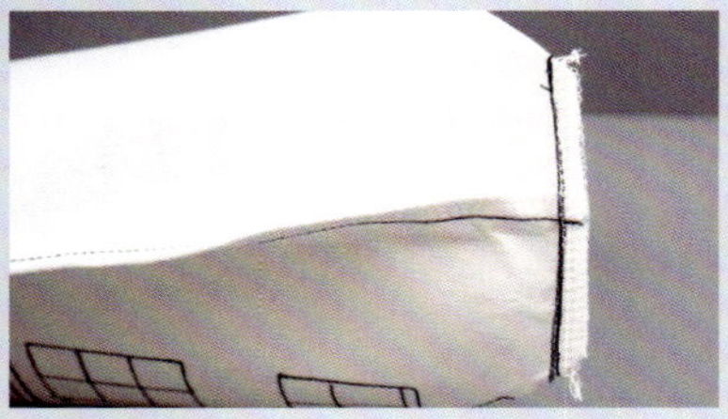

HINWEIS:

Wenn Sie später eine Lichterkette oder den Strang einer Lichterkette am Boden einfädeln möchten, lassen Sie in der Mitte einer Bodeneckennaht eine entsprechend große Öffnung und sichern Anfang und Ende mit einigen Rückstichen. Beim Versäubern sparen Sie die Öffnung einfach aus.

11 Das Häuschen auf links lassen. Den oberen Rand 2 cm umbügeln und 1 cm einschlagen, dabei die Nahtzugaben der Seitennähte nach hinten legen. Den Saum heften und anschließend knappkantig feststeppen.

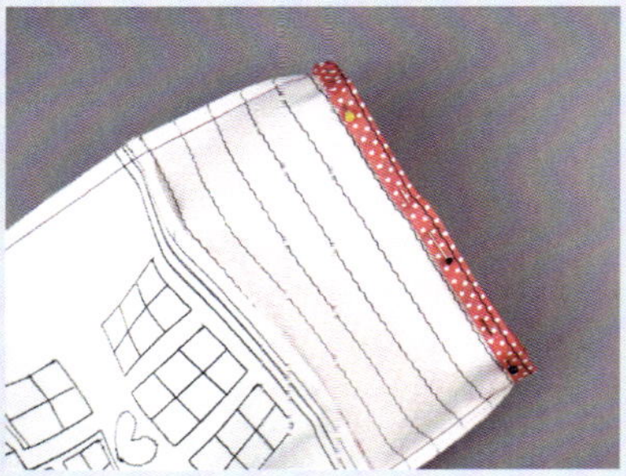

12 Das Häuschen auf rechts wenden. Die Seiten- und Bodenkanten falzen und bügeln.

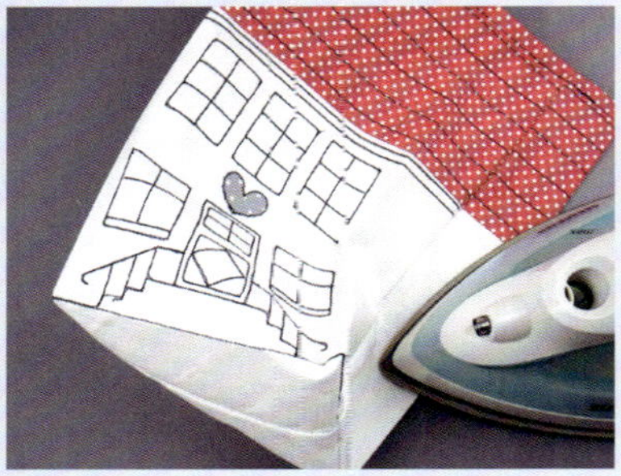

13 Eine LED-Lichterkette in das Häuschen stecken. Das Dach ca. 2 cm nach hinten umklappen und mit der kleinen Wäscheklammer schließen. Wenn Sie das Häuschen verschenken möchten, können Sie noch einen kleinen Deko-Anhänger oder einen handgeschriebenen Gruß mit anhängen.

Die Anleitung für die Schneetannen finden Sie auf Seite 19.

IM WINTERGARTEN

Rotkehlchen und Schneetannen

* * *

Rotkehlchen

GRÖSSE
7,5 cm x 5 cm

MATERIAL
- Wollfilz in Braun, Rot und Weiß, jeweils Reste
- Moosgummi in Schwarz, Rest
- Füllwatte oder Füllflocken
- farblich passendes Nähgarn
- 2 Perlen in Schwarz, ø 3–4 mm
- Trickmarker
- Papier oder Pappe, Rest

SCHNITTMUSTERBOGEN C

NAHTZUGABEN
Die Schnittmuster enthalten 2 mm Nahtzugabe, alle Teile werden knappkantig aufeinandergenäht.

ZUSCHNITT
Der Zuschnitt der Schnittteile erfolgt während der Verarbeitung mithilfe von Schnittschablonen. Übertragen Sie dazu die Schnittteile auf Papier oder Pappe.

1 Den Rücken 2x gegengleich mit Trickmarker auf die zwei braune Filzstücke (je 10 cm x 10 cm) übertragen.

2 Jeweils die untere Rundung entlang der Markierung ausschneiden.

3 Zwei weiße Filzstücke (je 8 cm x 8 cm) unter die Rückenteile heften und die Kontur der Hinterteile aufzeichnen.

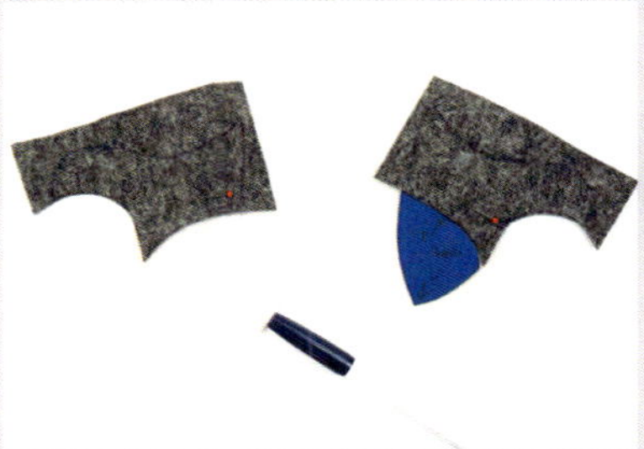

4 Die braunen Filzstücke knappkantig entlang der unteren Rundung auf die weißen Filzstücke nähen, dabei nicht über die angezeichneten Schnittlinien steppen und die Nähte mit Rückstichen verriegeln.

5 Die Hinterteile entlang der Markierungen ausschneiden. Auf der Rückseite knapp entlang der Naht ausschneiden.

6 Zwei rote Filzstücke (je 8 cm x 8 cm) unter die Rückenteile heften und jeweils die Konturen des Bauchs aufzeichnen.

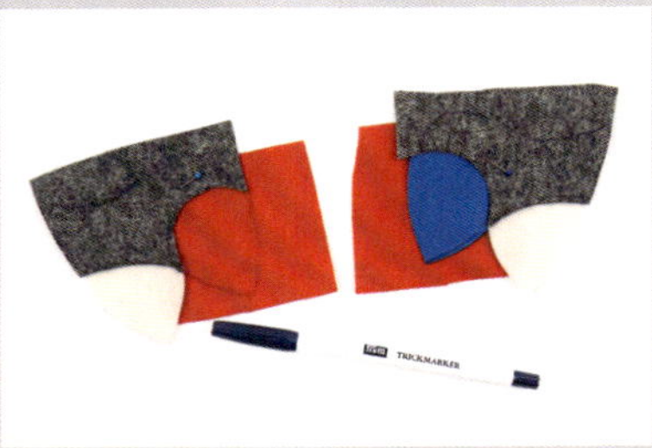

7 Die braunen Filzstücke knappkantig entlang der Rundung auf die roten Filzstücke nähen, dabei nicht über die angezeichneten Schnittlinien steppen und die Nähte mit Rückstichen verriegeln.

8 Die Bauchteile entlang der Markierungen ausschneiden. Auf der Rückseite knapp entlang der Naht ausschneiden. Die Körper links auf links legen und heften.

9 Den Schnabel aus Moosgummi zuschneiden und markierungsgemäß zwischen die Stofflagen schieben. Die obere und vordere sowie die hintere Kante ab der Füllöffnung knappkantig steppen, dabei den Schnabel mitfassen. Die Nähte mit Rückstichen sichern.

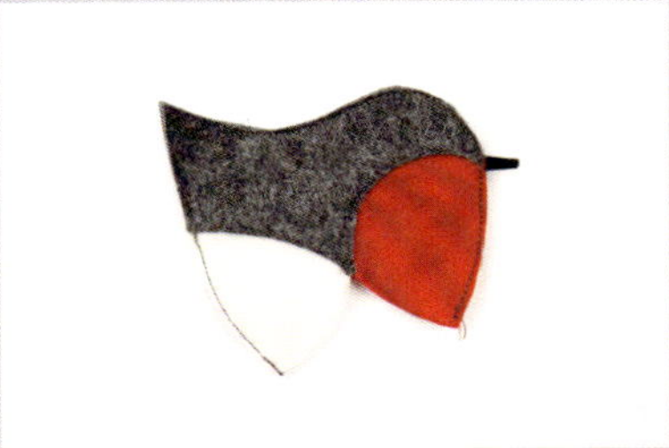

10 Die Stofflagen auseinanderziehen und an der unteren, noch offenen Kante so aufeinanderlegen, dass die beiden Nähte zusammentreffen. Die Kanten mit Stecknadeln fixieren und zusammennähen.

11 Das Rotkehlchen mit Füllwatte ausstopfen.

Die Füllöffnung von Hand mit feinen Überwendlingsstichen schließen (siehe Seite 87 „Öffnung mit Überwendlingsstichen schließen").

12 Zwei Perlen als Augen annähen.

13 Von Hand einen Aufhängefaden am Rücken einziehen und zur Schlaufe verknoten.

* * *

Schneetannen

GRÖSSE

Kleine Tanne 22 cm hoch,
Durchmesser unten 11 cm
Große Tanne 28 cm hoch,
Durchmesser unten 14 cm
Die Angaben für die zwei Größen sind durch Schrägstriche getrennt

MATERIAL

- Langhaarplüsch oder Fellimitat, 35 cm x 25 cm / 45 cm x 35 cm
- aufbügelbare Vlieseinlage (z. B. Vlieseline H 250), 35 cm x 25 cm / 45 cm x 35 cm
- farblich passendes Nähgarn
- Jerseynadel mit Kugelspitze, Stärke 80

SCHNITTMUSTERBOGEN D

NAHTZUGABEN

Die Schnittteile aus Langhaarplüsch mit 1 cm Nahtzugabe zuschneiden, die Schnittteile aus Vlieseinlage an den Seitenkanten mit 1 cm Nahtzugabe, am unteren Rand ohne Nahtzugabe zuschneiden.

ZUSCHNITT

Das Schnittmuster mit Trickmarker oder Kreidestift auf die linke Stoffseite übertragen. Beim Zuschnitt darauf achten, dass die Strichrichtung der Fasern bzw. der Fadenlauf nach unten zeigt und Sie nur den Stoffgrund zerschneiden, nicht aber den Langhaarflor (siehe Seite 89 „Langhaarplüsch zuschneiden").

Langhaarplüsch
1x Schneetanne

Vlieseinlage
1x Schneetanne

1 Die Vlieseinlage auf die linke Stoffseite des Schnittteils aus Langhaarplüsch bügeln.

2 Die Seitenkanten mit Zickzackstich oder Overlockstich versäubern, dabei die Fasern zur Seite streichen, damit sie nicht mitgefasst werden.

3 Die Seitenkanten rechts auf rechts legen und mit 1 cm Nahtzugabe zusammennähen. Die Nahtzugaben an der Spitze schräg zurückschneiden.

4 Die Schneetanne auf rechts wenden. Eventuell eingenähte Fasern mit einer stumpfen Nadel vorsichtig aus der Naht lösen.

5 Den unteren Rand mit Zickzackstich oder Overlockstich versäubern, dabei die Fasern zur Seite streichen, damit sie nicht mitgefasst werden.

6 Den unteren Rand 1 cm auf links klappen, heften und von Hand mit Überwendlingsstichen festnähen, dabei darauf achten, dass die Nadel nur in den Stoffgrund sticht und der Flor nicht mitgefasst wird.

MÄRCHENWALD

Tannenbäumchen zaubern Winterstimmung

* * *

GRÖSSE

Kleines Tannenbäumchen
8 cm x 10 cm
Mittleres Tannenbäumchen
10 cm x 12 cm
Großes Tannenbäumchen
14 cm x 17 cm
Die Angaben für die drei Größen sind durch Schrägstriche getrennt.

MATERIAL

- Wollfilz in Grüntönen, 20 cm x 12 cm / 25 cm x 14 cm / 32 cm x 19 cm
- farblich passendes Nähgarn
- Papier oder Pappe, Reste
- gerade Aststücke, ø 1–1,5 cm, 15 cm / 17 cm / 21 cm

SCHNITTMUSTERBOGEN D

NAHTZUGABEN

Die Schnittmuster enthalten keine Nahtzugabe.

ZUSCHNITT

Der Zuschnitt der Schnittteile erfolgt während der Verarbeitung mithilfe von Schnittschablonen. Übertragen Sie dazu die Schnittteile auf Papier oder Pappe.

1 Die Filzstücke grob rundherum 1–2 cm größer als die Schablonen zuschneiden. Je 2 Filzstücke links auf links legen und die Schablone mit Stecknadeln durch beide Stofflagen aufheften.

2 Die Konturen des Tannenbaums entlang der Schablone mit Geradstich nachsteppen. An den Ecken jeweils die Nadel im Stoff stecken lassen oder mit dem Handrad in den Stoff drehen. Achtung: Das Handrad immer zum eigenen Körper hin drehen, nie in die andere Richtung, sonst gibt es Schlaufen. Anschließend das Nähmaschinenfüßchen heben und das Nähgut in die neue Nährichtung drehen. Das Nähmaschinenfüßchen wieder senken. Weiternähen bis zur nächsten Ecke, wo sich der Vorgang wiederholt.

3 Die Öffnung für den Stamm offen lassen und die Naht mit Rückstichen sichern.

4 Das Tannenbäumchen mit 3 mm Abstand zur Naht ausschneiden.

5 Zum Schluss ein Aststück als Stamm in die Öffnung stecken.

IM WINTERKLEID

Flauschig weiche Schneehühner

* * *

GRÖSSE
12 cm x 10 cm

MATERIAL
- Teddyplüsch in Weiß, 28 cm x 14 cm
- Wollfilz in Weiß, Rest
- Wollfilz oder Moosgummi in Schwarz, Rest
- 2 Perlen in Schwarz, ø 3–4 mm
- farblich passendes Nähgarn
- Jerseynadel mit Kugelspitze, Stärke 80
- 3 Bastelfedern in Weiß

SCHNITTMUSTERBOGEN A

NAHTZUGABEN
Den Körper mit 7 mm Nahtzugabe zuschneiden, Kamm und Schnabel ohne Nahtzugabe zuschneiden.

ZUSCHNITT
Alle Markierungen vom Schnittmuster auf die Stoffteile übertragen.

Teddyplüsch
2x Körper gegengleich

Wollfilz in Weiß
1x Kamm

Wollfilz oder Moosgummi
1x Schnabel

1 Kamm und Schnabel auf die rechte Stoffseite eines Körperteils legen, dabei zeigen die Spitzen nach innen, und innerhalb der Nahtzugabe feststeppen.

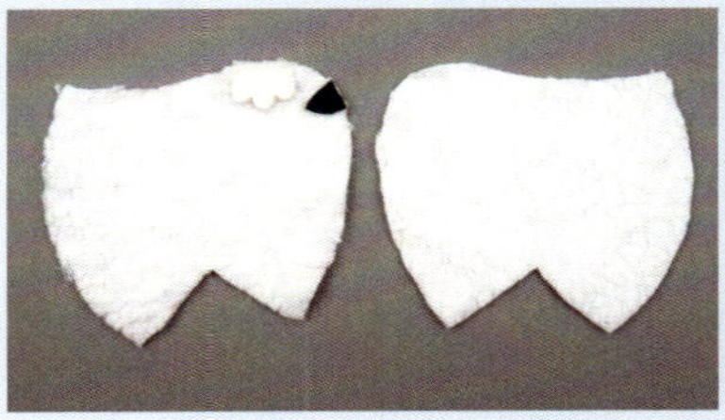

2 Die beiden Körperteile rechts auf rechts aufeinanderlegen. Die obere und die vordere sowie die hintere Kante mit Klammern oder Stecknadeln fixieren.

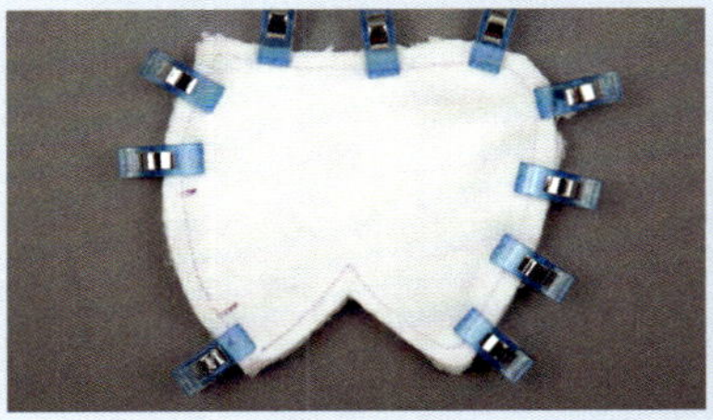

3 Die vordere und die obere Kante in einem Arbeitsgang zusammensteppen. Die hintere Kante gemäß Markierung in Teilstücken steppen. Die Naht wie markiert ca. 2 mm unterhalb der Schwanzspitze beginnen, sodass eine kleine Öffnung für das Einstecken der Federn bleibt, und gemäß Markierung eine Wendeöffnung lassen. Alle Nähte mit Rückstichen sichern.

4 Die Stofflagen auseinanderziehen und an der unteren, noch offenen Kante so aufeinanderheften, dass die beiden Nähte zusammentreffen.

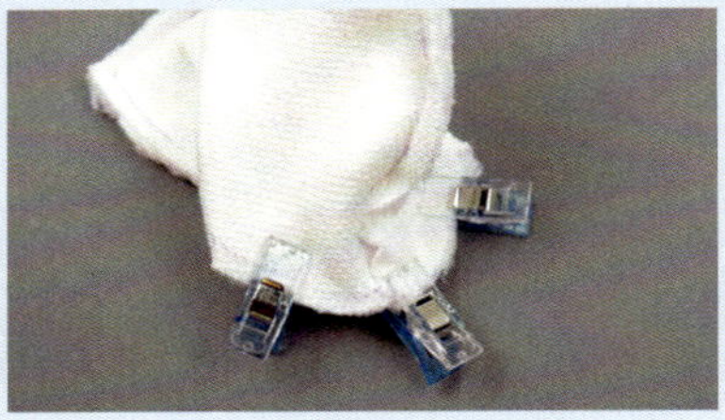

5 Die Kanten zusammennähen, das Schneehuhn auf rechts wenden und die Ecken mithilfe einer stumpfen Nadel oder Stricknadel ausformen. Das Schneehuhn mit Füllwatte ausstopfen.

6 Die Wendeöffnung von Hand mit feinen Überwendlingsstichen schließen (siehe Seite 87 „Öffnung mit Überwendlingsstichen schließen").

7 Zwei Perlen als Augen annähen und die Federn in die kleine Öffnung am Ende der hinteren Naht stecken.

KUSCHELIGE VORFREUDE

Adventskranz aus Fellimitat

* * *

GRÖSSE
Außendurchmesser 30 cm
Innendurchmesser 14 cm

MATERIAL
- Langhaarplüsch oder Fellimitat in Grau meliert, 75 cm x 40 cm
- Füllwatte
- farblich passendes Nähgarn
- Jerseynadel mit Kugelspitze, Stärke 80
- Malerkrepp

SCHNITTMUSTERBOGEN A

NAHTZUGABEN
Das Schnittmuster enthält 1 cm Nahtzugabe.

ZUSCHNITT
Alle Markierungen vom Schnittmuster auf die Stoffteile übertragen. Das Schnittmuster mit Trickmarker oder Kreidestift auf die linke Stoffseite übertragen. Beim Zuschnitt darauf achten, dass Sie nur den Stoffgrund zerschneiden, nicht aber den Langhaarflor (siehe Seite 89 „Langhaarplüsch zuschneiden").

Langhaarplüsch
2x Ring

1 Die Schnittkanten der Ringe versäubern, dabei die Fasern zur Seite streichen, damit sie nicht mitgefasst werden.

2 Die Fasern mithilfe von Malerkrepp so fixieren, dass sie nicht nach außen über die Kanten ragen.

3 Die Ringe rechts auf rechts legen, dabei darauf achten, dass die Strichrichtung der Fasern bzw. jeweils der Fadenlauf der beiden Ringe entgegengesetzt verläuft. Die Außenkanten heften.

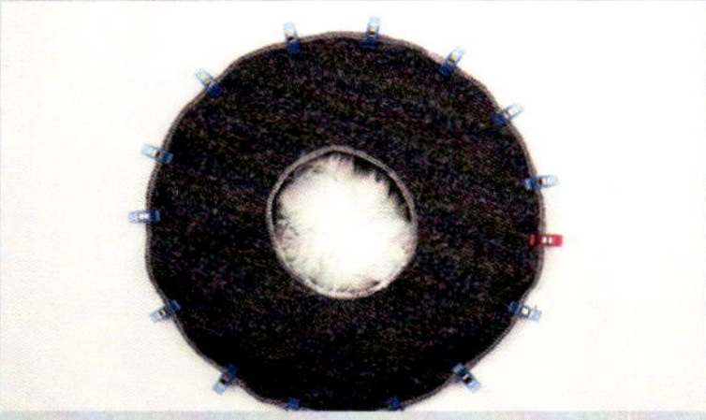

4 Die Außenkanten zusammensteppen, dabei direkt neben der Versäuberungsnaht nähen, damit die Fasern nicht mit eingenäht werden. Den Adventskranz auf rechts wenden und das Kreppband vorsichtig entfernen.

5 Die Füllwatte zu einem passend großen Ring formen und in den Adventskranz schieben.

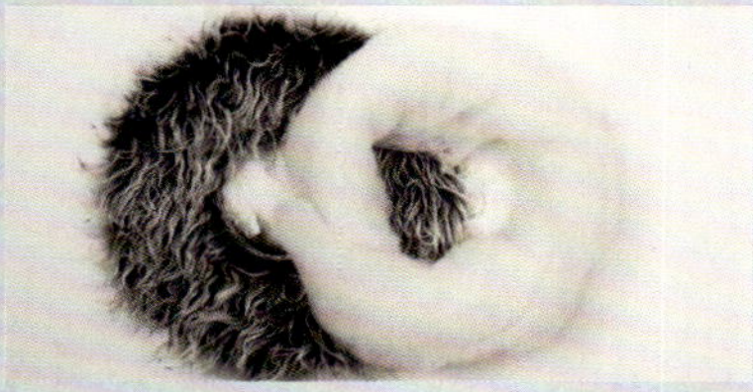

6 Die Nahtzugaben der Innenkanten nach innen klappen und die Öffnung rundum von Hand mit Matratzenstichen schließen (siehe Seite 87 „Öffnung mit Matratzenstichen schließen").

HÜBSCHER BAUMSCHMUCK

Weihnachtliche Äpfelchen

GRÖSSE
6 cm x 5 cm

MATERIAL (für 1 Apfel)
- Baumwollstoff in Rot gemustert, 2x 10 cm x 12 cm
- Wollfilz in Grün, Rest
- Füllwatte
- farblich passendes Nähgarn
- extrastarkes Nähgarn in Rot
- Handnähnadel mit großem Nadelöhr
- festes Papier oder Pappe, Rest
- kleines Aststück, ø ca. 3 mm, 4 cm lang

SCHNITTMUSTERBOGEN A

NAHTZUGABEN
Das Schnittmuster enthält keine Nahtzugabe. Die Blätter ohne Nahtzugabe zuschneiden.

ZUSCHNITT
Der Zuschnitt der Apfel-Schnittteile erfolgt während der Verarbeitung mithilfe einer Schnittschablone. Übertragen Sie dazu das Schnittmuster auf Papier oder Pappe.

Wollfilz in Grün
2x Blatt

1 Die Stoffrechtecke rechts auf rechts legen und die Schnittkontur des Apfels aufzeichnen.

2 Die Kontur mit kurzem Geradstich nachsteppen, dabei die obere, gerade Kante als Wendeöffnung offen lassen. Nahtbeginn und -ende mit Rückstichen sichern.

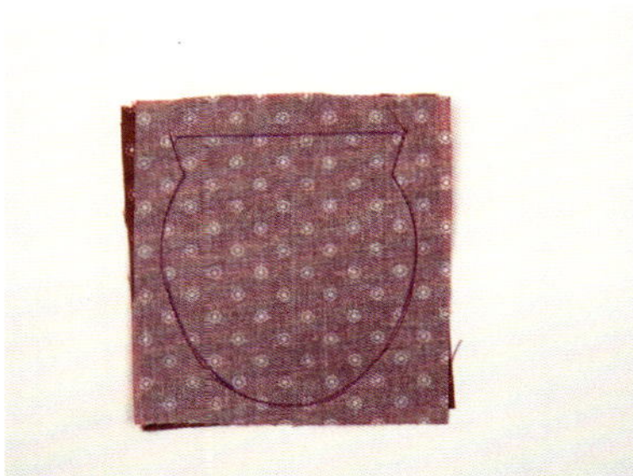

3 Den Apfel mit 3 mm Nahtzugabe ausschneiden.

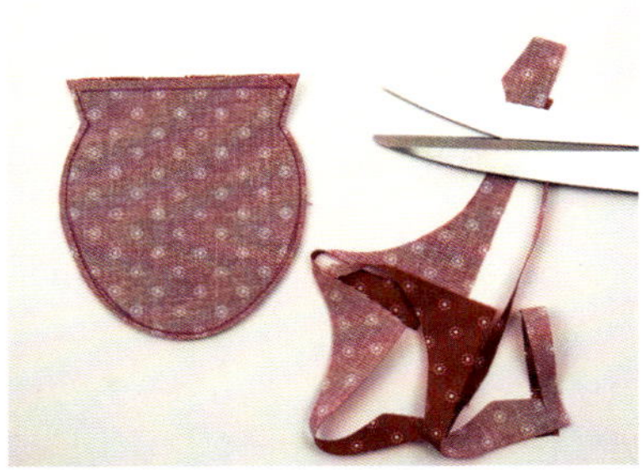

4 Den Apfel auf rechts wenden. Extrastarkes Nähgarn auf die Nähnadel fädeln und entlang der im Schnitt eingezeichneten Markierung mit Heftstichen einen Einhaltefaden einziehen. Die langen Fadenenden stehen lassen und die Nähnadel nicht abziehen.

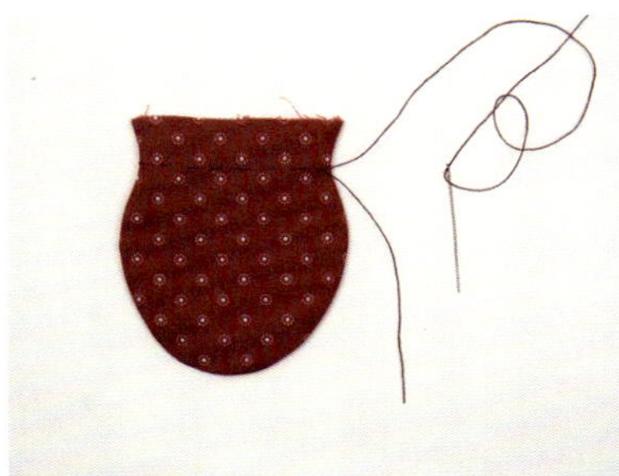

5 Den Apfel mit Füllwatte füllen.

6 Die Nahtzugaben an der oberen Kante nach innen klappen, die Wendeöffnung mithilfe der beiden Fäden fest zusammenziehen und die Fadenenden verknoten.

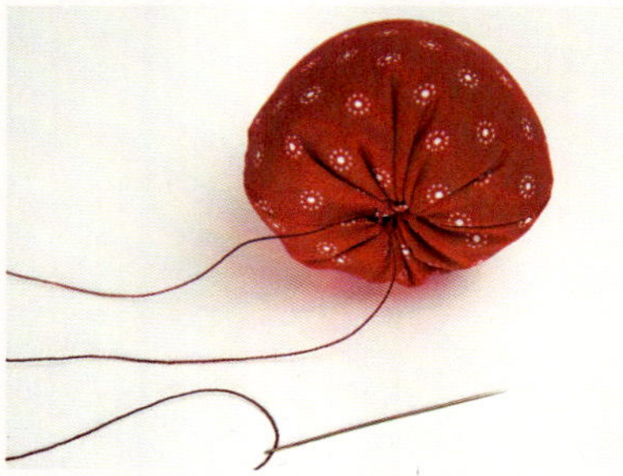

7 Den Faden mithilfe der Nadel durch das Innere des Apfels ziehen, sodass der Faden unten mittig wieder herauskommt.

8 Kurz neben der Ausstichstelle wieder einstechen und den Faden mithilfe der Nadel wieder zur oberen Mitte ziehen. Nun leicht am Faden ziehen, sodass sich in der unteren Mitte eine Einkerbung bildet. Die beiden Fadenenden verknoten.

9 Den Faden durch die unteren Spitzen der beiden Blätter ziehen.

10 Die Blätter mit ein paar Stichen auf der Oberseite des Apfels fixieren. Wenn Sie den Faden als Aufhängung verwenden möchten, können Sie ihn zur Schlaufe legen und dann mit ein paar Stichen vernähen. Die Fadenenden verknoten und anschließend beide Fäden mithilfe der Nähnadel in den Apfel einziehen.

11 Das Aststück als Stiel in die Öffnung an der Oberseite des Apfels stecken.

SO GEMÜTLICH!

Windlicht und Fellkissen

Windlicht

GRÖSSE
Individuell, je nach Glasgröße

MATERIAL

- Langhaarplüsch oder Fellimitat, Gefäßumfang + 2 cm x 2/3 Gefäßhöhe + 2 cm
- farblich passendes Nähgarn
- Jerseynadel mit Kugelspitze, Stärke 80
- zylinderförmiges Gefäß aus Glas

NAHTZUGABEN
Die Maßangaben enthalten 1 cm Nahtzugabe und 1 cm Saumzugabe.

ZUSCHNITT
Die Maße mit Trickmarker oder Kreidestift auf die linke Stoffseite übertragen. Beim Zuschnitt darauf achten, dass Sie nur den Stoffgrund zerschneiden, nicht aber den Langhaarflor (siehe Seite 89 „Langhaarplüsch zuschneiden").

HINWEIS:
Bei elastischen Stoffen können Sie beim Maß für den Umfang 1–1,5 cm für die Dehnung abziehen.

1 Umfang und Höhe des Gefäßes messen. Der Umfang plus 2 cm Nahtzugabe ergibt die Breite des Schnittteils. Zwei Drittel der Höhe plus 2 cm Saumzugabe ergibt die Höhe des Schnittteils. Dies ist in der Regel eine stimmige Proportion, Sie können die Höhe aber auch selbst festlegen.

2 Das Rechteck mit den ermittelten Seitenlängen auf die linke Stoffseite aufzeichnen. Darauf achten, dass die Strichrichtung der Fasern bzw. der Fadenlauf nach unten zeigt. Den Stoff von der linken Stoffseite aus zuschneiden, dabei darauf achten, dass der Flor nicht zerschnitten wird.

3 Alle Schnittkanten mit Zickzackstich oder Overlockstich versäubern, dabei die Fasern zur Seite streichen, damit sie nicht mitgefasst werden.

4 Die Seitenkanten des Bezugs rechts auf rechts legen und mit 1 cm Nahtzugabe zusammennähen, sodass ein Zylinder entsteht.

5 Die Hülle auf links lassen. Den oberen und unteren Rand 1 cm auf links klappen und heften. Die Ränder von Hand mit Überwendlingsstichen festnähen, dabei darauf achten, dass die Nadel nur in den Stoffgrund sticht und der Flor nicht festgenäht wird.

6 Den Bezug auf rechts wenden und eventuell mit eingenähte Fasern mit einer stumpfen Nadel vorsichtig aus der Naht lösen. Den Bezug über das Glasgefäß ziehen.

Fellkissen

GRÖSSE
50 cm x 50 cm

MATERIAL
- Langhaarplüsch oder Fellimitat, 110 cm x 55 cm
- nicht teilbarer Reißverschluss aus Kunststoff mit Spirale, 3 mm breit, 40 cm lang
- farblich passendes Nähgarn
- Jerseynadel mit Kugelspitze, Stärke 80
- Reißverschlussfüßchen für die Nähmaschine
- Malerkrepp
- Füllkissen, 50 cm x 50 cm

NAHTZUGABEN
Die Maßangaben enthalten 1 cm Nahtzugabe.

ZUSCHNITT
Die Quadrate mit Trickmarker oder Kreidestift auf die linke Stoffseite übertragen. Beim Zuschnitt darauf achten, dass Sie nur den Stoffgrund zerschneiden, nicht aber den Langhaarflor (siehe Seite 89 „Langhaarplüsch zuschneiden").

Langhaarplüsch
2x Kissenbezug, 52 cm x 52 cm

1 Alle Schnittkanten der Bezugteile mit Zickzackstich oder Overlockstich versäubern, dabei die Fasern zur Seite streichen, damit sie nicht mitgefasst werden.

2 Die Bezugteile mit der rechten Stoffseite nach oben auf die Arbeitsfläche legen, die Strichrichtung der Fasern zeigt nach unten. Die Fasern mithilfe von Malerkrepp so fixieren, dass sie nicht nach außen über die Kanten ragen (siehe Seite 88 „Langhaarplüsch verarbeiten").

3 Die Bezugteile rechts auf rechts legen und die untere Kante heften. Die Kante an einer Seite beginnend 6 cm zusammensteppen und die Naht mit 3–4 Rückstichen verriegeln. Auf größte Stichlänge stellen und 40 cm als Heftnaht weitersteppen (dieser Teil der Naht wird nach dem Einsetzen des Reißverschlusses wieder aufgetrennt). Die Stichlänge anschließend wieder reduzieren, einen zweiten Riegel und dann den Rest der Naht steppen. Die Nahtzugaben mit dem Finger auseinanderfalzen.

4 Den Reißverschluss mit der Oberseite nach unten von links mittig auf die Naht stecken und von Hand auf die Nahtzugaben heften. Den Reißverschlussfuß in die Nähmaschine einsetzen und den Reißverschluss von rechts einnähen, dabei die Naht mit 7 mm Abstand zur Reißverschlussspirale setzen. Die Heftnaht zwischen den beiden Riegeln auftrennen, die Fäden entfernen und den Reißverschluss 5 cm weit öffnen.

5 Die restlichen Kanten des Bezugs heften und zusammennähen. Den Kissenbezug durch die Reißverschlussöffnung wenden.

6 Die Ecken mithilfe einer Stricknadel ausformen. Eventuell eingenähte Fasern mit einer stumpfen Nadel vorsichtig aus den Nähten lösen. Das Füllkissen beziehen.

FÜR DIE FESTTAFEL

Tischläufer und Tischsets mit Tannendruck

GRÖSSE
Tischläufer 40 cm x 150 cm
Tischset 45 cm x 30 cm

MATERIAL

Tischläufer
- Leinenstoff in Weiß, 160 cm breit, 50 cm
- farblich passendes Nähgarn

Tischset
- Leinenstoff in Schwarz, 55 cm x 40 cm
- farblich passendes Nähgarn

HINWEIS:
Für 4 Tischsets benötigen Sie bei 120–140 cm breiter Meterware 85 cm Stoff.

SCHNITTMUSTERBOGEN B + D

NAHTZUGABEN
Die Maßangaben enthalten 1 cm Nahtzugabe und 4 cm Saumzugabe.

ZUSCHNITT
Tischläufer bzw. Tischsets mithilfe der Schnittmuster, alternativ mit den Maßen 50 cm x 160 cm (Tischläufer) bzw. 55 cm x 40 cm (Tischset) zuschneiden.

1 Die Kanten von Tischläufer bzw. Tischsets rundherum mit 1 cm Nahtzugabe und 4 cm Saumzugabe mit der Briefecken-Methode säumen (siehe Seite 86 „Briefecke nähen").

2 Die Positionen der Tannen mithilfe von Trickmarker oder Kreidestift auf der rechten Stoffseite von Tischläufer bzw. Tischsets markieren.

3 Tischläufer bzw. Tischsets mit der Textilfarbe bedrucken (siehe Seite 82 „Drucken auf Stoff").

Aus rundem Wollfilz (ø 8 cm) können Sie passende Glasuntersetzer fertigen, indem Sie das Tannenmotiv applizieren (siehe Seite 80 „Motive applizieren").

HERZLICH WILLKOMMEN

Winterlicher Türkranz

* * *

GRÖSSE

Außendurchmesser 35 cm
Innendurchmesser 14 cm

MATERIAL

- Stoff 1: Langhaarplüsch oder Fellimitat in Weiß, 80 cm x 40 cm
- Stoff 2: Baumwollstoff in Grau mit Blumenmotiv, Rest
- Stoff 3: Baumwollstoff in Grau-Weiß gemustert, Rest
- Füllwatte
- Metallring, ø 35 cm
- Dekozapfen aus Glas in Silber mit Aufhängung, 1x 3 cm hoch, 2x 6 cm hoch
- farblich passendes Nähgarn
- farblich passendes starkes Nähgarn oder Zwirn
- Malerkrepp
- Jerseynadel mit Kugelspitze, Stärke 80
- Reißverschlussfüßchen

NAHTZUGABEN

Den Ring und die Herzen mit 1 cm Nahtzugabe zuschneiden. Die Maßangaben für den Streifen aus Stoff 2 enthalten 1 cm Nahtzugabe.

ZUSCHNITT

Beim Zuschnitt des Langhaarplüschs darauf achten, dass Sie nur den Stoffgrund zerschneiden, nicht aber den Langhaarflor (siehe Seite 89 „Langhaarplüsch zuschneiden").

Stoff 1
2x Ring (Zuschnitt erfolgt während der Verarbeitung)

Stoff 2
2x kleines Herz
1x Streifen, 50 cm x 8 cm

Stoff 3
2x großes Herz

1 Den Metallring als Kreisschablone nutzen und zwei Kreise mit Trickmarker oder Kreidestift auf die linke Stoffseite des Langhaarplüschs aufzeichnen.

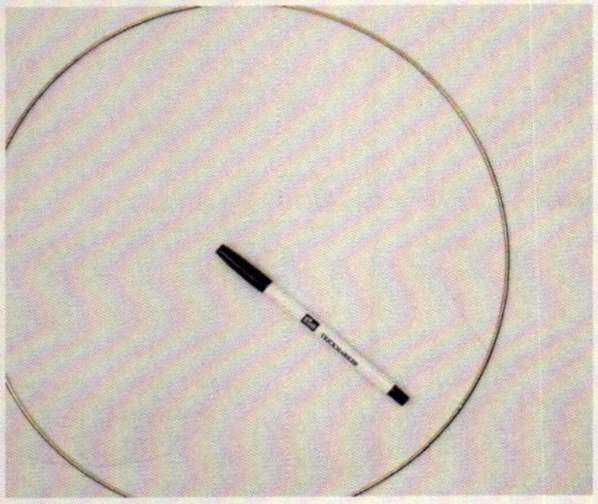

Die zwei Kreise mit 1 cm Nahtzugabe ausschneiden. Achten Sie dabei darauf, dass Sie nur den Stoffgrund zerschneiden, nicht aber den Langhaarflor.

2 Vom aufgezeichneten Kreisrand aus 10 cm nach innen in Richtung Kreismitte messen und dort einen Innenkreis anzeichnen. Sie können sich dafür einen Teller mit 15 cm Durchmesser zum Anzeichnen zu Hilfe nehmen.

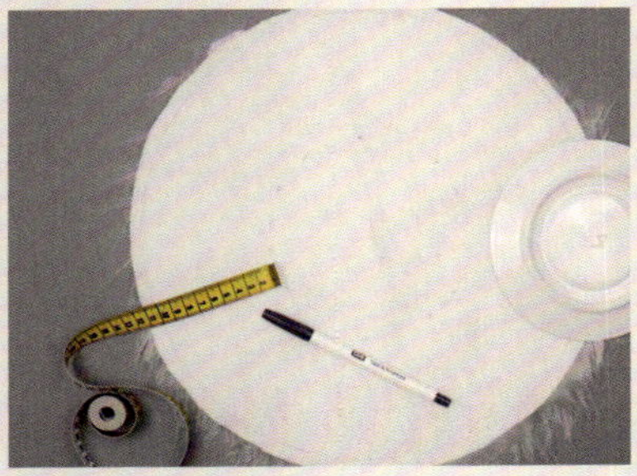

3 Den inneren Kreis ausschneiden. Die Schnittkanten der Ringe versäubern, dabei die Fasern zur Seite streichen, damit sie nicht mitgefasst werden.

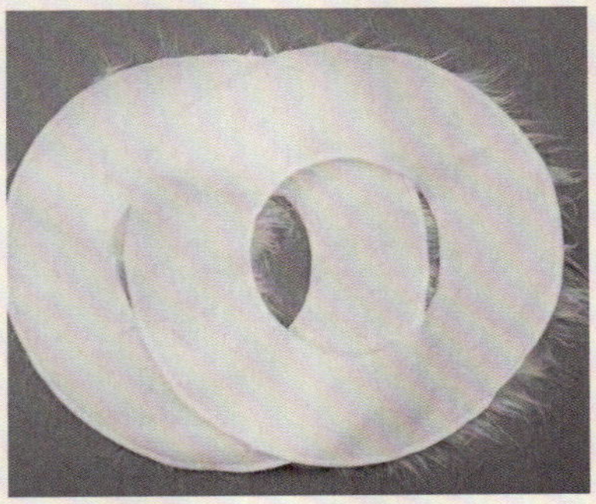

4 Die Fasern mithilfe von Malerkrepp so fixieren, dass sie nicht nach außen über die Kanten ragen.

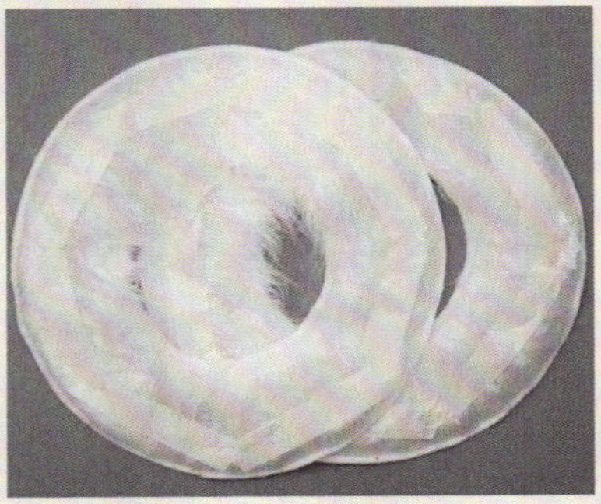

5 Die Ringe rechts auf rechts aufeinanderlegen, dabei darauf achten, dass die Strichrichtung der Fasern bzw. der Fadenlauf entgegengesetzt verläuft. Die Außenkanten heften.

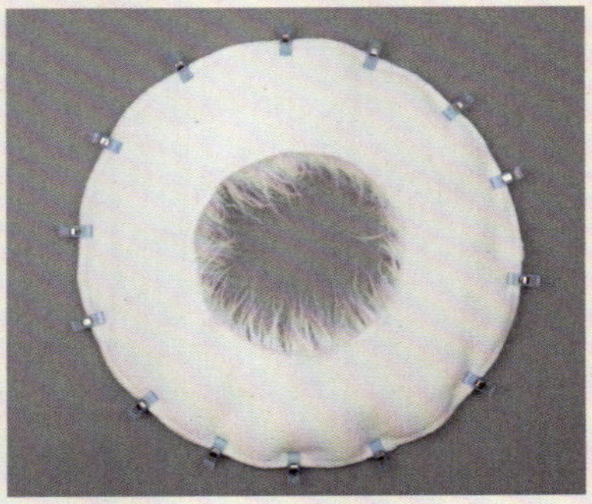

6 Die Außenkanten rundherum zusammennähen, dabei direkt neben der Versäuberungsnaht nähen, damit die Fasern nicht mit eingenäht werden.

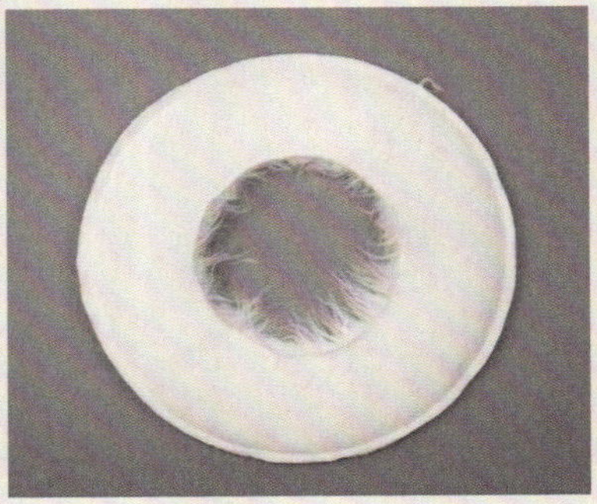

7 Den Kranz auf rechts wenden und das Kreppband vorsichtig entfernen. Den Ring in den Kranz stecken.

8 Das Volumenvlies zu einem passend großen Ring formen und in den Kranz schieben.

9 Die Nahtzugaben der Innenkanten nach innen klappen und die Öffnung rundherum von Hand mit Matratzenstichen schließen (siehe Seite 87 „Öffnung mit Matratzenstichen schließen").

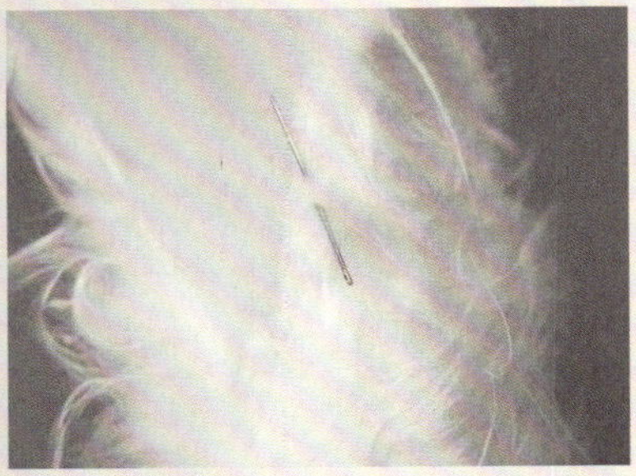

10 Die Schnittteile für das große Herz rechts auf rechts heften und bis auf die Wendeöffnung zusammennähen. Die Nahtzugaben bis auf die Strecke der Wendeöffnung auf 3 mm zurückschneiden, an der Spitze abschrägen und an der Innenecke bis kurz vor die Naht einschneiden.

11 Die Nahtzugaben an der Wendeöffnung umbügeln. Das Herz auf rechts wenden.

12 Das Herz mit Füllwatte füllen und die Wendeöffnung von Hand mit feinen Überwendlingsstichen schließen (siehe Seite 87 „Öffnung mit Überwendlingsstichen schließen").

13 Das kleine Herz wie in Schritt 10–12 für das große Herz beschrieben nähen.

14 Für das Aufhängeband den Stoffstreifen der Länge nach rechts auf rechts bügeln. An der langen Kante heften und zusammennähen.

15 Die Naht in der Mitte des Bands positionieren und die Nahtzugaben auseinanderbügeln.

16 Das Band auf rechts wenden und bügeln.

17 Das Aufhängeband um den Kranz legen. Die Nahtzugaben an einer offenen kurzen Kante 1 cm nach innen falten.

Die zweite kurze Kante in die Öffnung schieben und mit einer Klammer fixieren.

18 Die Bandenden knappkantig aufeinandersteppen und das Band so zu einem Ring schließen.

19 Das Reißverschlussfüßchen in die Nähmaschine einsetzen. Das Stoffband zu einem Ring um den Kranz legen und dicht am Kranz zusammennähen.

20 Die zwei großen Dekozapfen von Hand mit festem Nähgarn am Stoffring annähen. Das große Herz so an den Stoffring nähen, dass es mittig im Kranz hängt. Das kleine Herz und den kleinen Dekozapfen am unteren Rand das Kranzes annähen.

GRÖSSE
25 cm x 27 cm

MATERIAL
- gemusterter Baumwollstoff, 60 cm x 30 cm
- Volumenvlies zum Aufbügeln (z. B. Vlieseline H 630), 60 cm x 30 cm
- Füllwatte
- farblich passendes Nähgarn
- Wickeldraht, ø 0,8 mm, 1 m
- Malerkrepp oder Klebeband
- Rechteckleiste aus Holz in Weiß lasiert, 2 cm stark, 5 cm x 20 cm
- Holzbohrer, ø 3 mm

SCHNITTMUSTERBOGEN A

NAHTZUGABEN
Die Teile mit 1 cm Nahtzugabe zuschneiden.

ZUSCHNITT
Die Markierungen vom Schnittmuster auf die Stoffteile übertragen.

Baumwollstoff
2x Körper gegengleich

Volumenvlies
2x Körper gegengleich

ZUTRAULICHE WALDBEWOHNER

Deko-Rehe aus Baumwollstoff

* * *

1 Die Vlieseinlage passgenau auf die linke Stoffseite der Körperteile aus Baumwollstoff bügeln.

2 Die Körperteile rechts auf rechts legen, heften und bis auf die Wendeöffnung zusammennähen. Nahtanfang und -ende mit Rückstichen sichern. Die Nahtzugaben zurückschneiden, an den Rundungen bis kurz vor die Naht einschneiden und an den Ecken abschrägen. An der Wendeöffnung die Nahtzugaben nicht zurückschneiden.

3 Das Reh auf rechts wenden. Die Ecken mithilfe einer stumpfen Nadel oder Stricknadel ausformen.

4 Den Wickeldraht doppeln und die Stränge miteinander verdrehen. Die Enden mit etwas Malerkrepp oder Klebeband umwickeln. Den Draht so formen, dass er sich halbrund von Fuß zu Fuß durch die Beine bis zum Rücken spannt.

5 Den Draht durch die Wendeöffnung in das Reh schieben und positionieren. Anschließend das Reh mit Füllwatte ausstopfen. Hilfreich ist hier ein dünner Borstenpinsel, mit dem man kleine Portionen Füllwatte am Draht vorbei in die Beine, die Ohren und die Schnauze schieben kann, so bekommt man ein gleichmäßiges Ergebnis.

6 Die Wendeöffnung von Hand mit feinen Matratzenstichen schließen (siehe Seite 87 „Öffnung mit Matratzenstichen schließen").

7 Vier Löcher gemäß Markierung in die Rechteckleiste bohren.

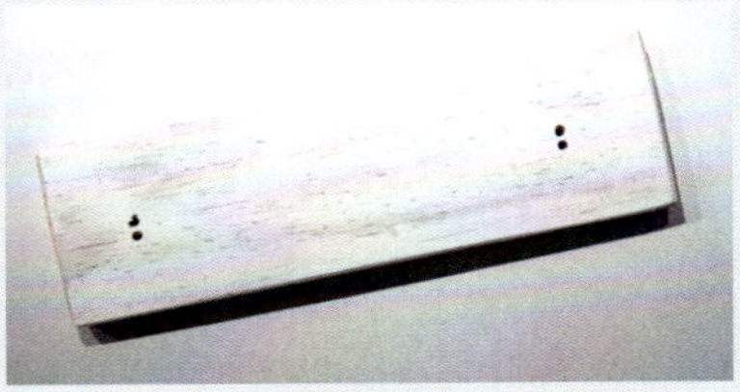

8 Die Füße des Rehs von Hand jeweils durch die Lochungen an der Rechteckleiste festnähen, dabei den Faden mehrmals durch den Stoff und die Löcher ziehen, damit das Reh einen stabilen Stand bekommt.

FÜR WINTERSPAZIERGÄNGE

Flauschige Handwärmer

* * *

GRÖSSE

Pinguin 15 cm x 14 cm
Eisbär 10 cm x 15 cm
Herz 12 cm x 11 cm

MATERIAL

Pinguin

- Nickistoff in Schwarz, 35 cm x 17 cm
- Teddyplüsch in Weiß, Rest
- Wollfilz in Gelb, Rest
- doppelseitig aufbügelbares Klebevlies (z. B. Vliesofix), Rest
- 120 g Kirschkerne
- 2 Perlen in Schwarz, ø 3–4 mm
- farblich passendes Nähgarn
- Jerseynadel mit Kugelspitze, Stärke 80

Eisbär

- Teddyplüsch in Weiß, 25 cm x 17 cm
- Teddyfleece in Hellgrau meliert, Rest
- Wollfilz in Weiß und Schwarz, Reste
- doppelseitig aufbügelbares Klebevlies (z. B. Vliesofix), Rest
- 110 g Kirschkerne
- 2 Perlen in Schwarz, ø 3–4 mm
- farblich passendes Nähgarn
- Jerseynadel mit Kugelspitze, Stärke 80

Herz

- Teddyplüsch in Blau, 30 cm x 14 cm
- 80 g Kirschkerne
- farblich passendes Nähgarn
- Jerseynadel mit Kugelspitze, Stärke 80

SCHNITTMUSTERBOGEN B

NAHTZUGABEN

Körper und Herz mit 1 cm Nahtzugabe zuschneiden. Die restlichen Schnittteile ohne Nahtzugabe zuschneiden.

ZUSCHNITT

Vor dem Zuschneiden der Teile, die appliziert werden, auf die Stoffe linksseitig Vliesofix bügeln. Die Markierungen von den Schnittmustern auf die Schnittteile übertragen.

Pinguin

Nickistoff in Schwarz
2x Körper gegengleich

Teddyplüsch in Weiß
1x Bauch

Wollfilz in Gelb
1x Schnabel
2x Fuß gegengleich

Eisbär

Teddyplüsch in Weiß
2x Körper gegengleich

Teddyfleece in Hellgrau meliert
1x Bauch
2x Ohr gegengleich

Wollfilz in Weiß
2x Tatze gegengleich

Wollfilz in Schwarz
1x Schnauze

Herz

2x Herz

1 Beim Pinguin Bauch und Schnabel, beim Eisbär Bauch, Ohren und Schnauze auf die rechte Stoffseite eines Körperteils applizieren (seine Seite 80 „Motive applizieren" und „Motive nachnähen"). Beim Pinguin die Füße, beim Eisbären die Tatzen nach innen zeigend auf die rechte Stoffseite des Körperteils legen und innerhalb der Nahtzugabe feststeppen.

2 Die beiden Körperteile bzw. die beiden Herzteile rechts auf rechts legen und heften.

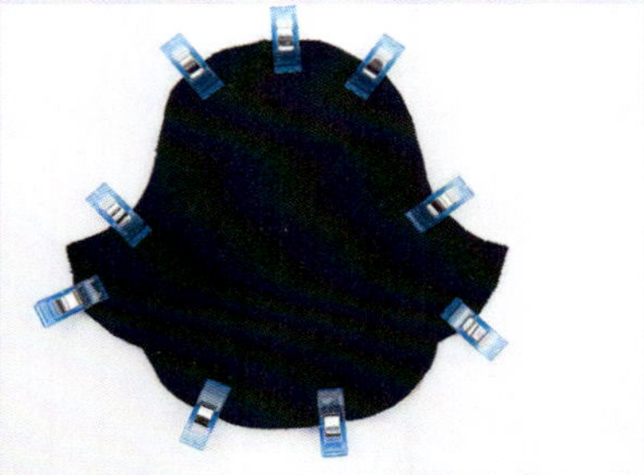

3 Die Teile an den Kanten bis auf die Wendeöffnung zusammennähen. Nahtanfang und -ende mit Rückstichen sichern.

4 Die Nahtzugaben an den Rundungen bis kurz vor die Naht einschneiden und an den Ecken abschrägen.

5 Den Handwärmer auf rechts wenden. Die Ecken mithilfe einer stumpfen Nadel oder Stricknadel ausformen. Durch die Wendeöffnung mit den Kirschkernen füllen.

6 Die Wendeöffnung von Hand mit feinen Matratzenstichen schließen (siehe Seite 87 „Öffnung mit Matratzenstichen schließen") und bei den Tieren zwei Perlen als Augen annähen.

FÜR MUẞESTUNDEN

Buchzeichen mit Stiftehalter

GRÖSSE
6 cm x 20 cm

MATERIAL
- Wollfilz in Grau meliert, 20 cm x 20 cm
- Gummiband in Rot-Pink gestreift, 40 mm breit, 30 cm
- farblich passendes Nähgarn
- SnapPap in Braun, Rest
- Stempelkissen mit Textilfarbe in Schwarz
- Ministempel mit Herzmotiv

NAHTZUGABEN
Die Maßangaben für den Wollfilz enthalten 3 mm Nahtzugabe; das Längenmaß für das Gummiband beinhaltet an beiden Enden je 2 cm Nahtzugabe.

ZUSCHNITT

Wollfilz
2x Rechteck, 6 cm x 20 cm
1x Rechteck, 6 cm x 12,5 cm

SnapPap in Braun
1x Label, 4,5 cm x 2,5 cm

HINWEIS:
Der Stiftehalter passt für Notizbücher A5 mit einer Buchrückendicke von 2 cm. Bei Büchern, die höher als 21 cm sind, die Länge des Gummibands entsprechend anpassen.

1 Das SnapPap-Label mittig mit dem Herzstempel bedrucken. Trocknen lassen. Die Farbe nach Herstellerangaben fixieren. Das Label knappkantig 2,5 cm vom unteren Rand auf die rechte Seite des kleinen Filzrechtecks nähen.

2 Die Enden des Gummibands je 2 cm weit auf die linke Seite eines großen Filzrechtecks legen, heften und mit einem Rechteck aufsteppen.

3 Zuerst das zweite große Filzstück links auf links, dann das kleine Filzstück links auf rechts darüberlegen.

Auch ein tolles Geschenk für die Freundin!

4 Die Kanten passgenau aufeinanderheften.

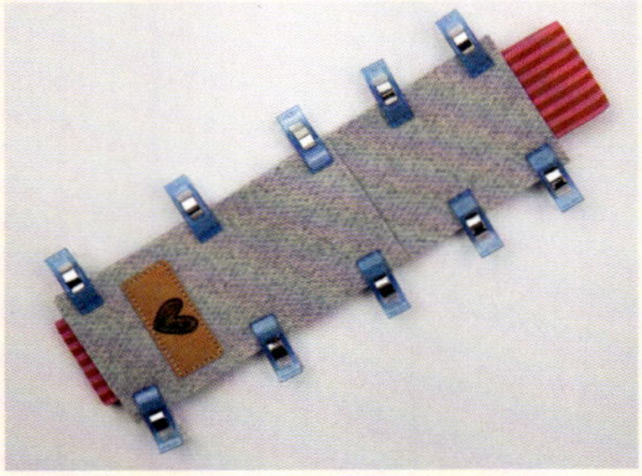

5 Die Teile knappkantig rundherum zusammennähen, dabei an der rechten oberen Kante beginnen.

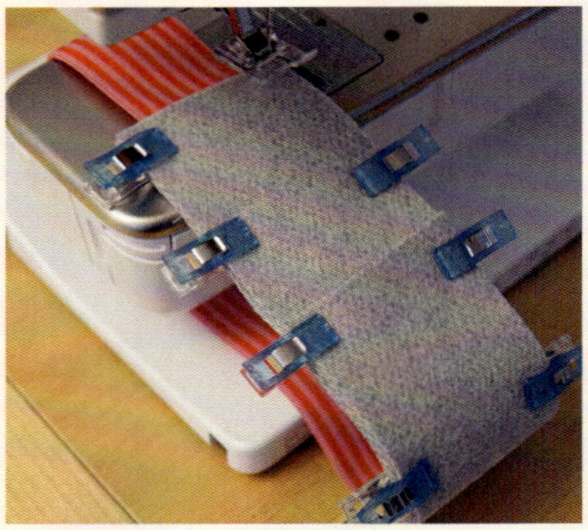

An den Ecken jeweils die Nadel im Stoff stecken lassen oder mit dem Handrad in den Stoff drehen.

Achtung: Das Handrad immer zum eigenen Körper hin drehen, nie in die andere Richtung, sonst gibt es Schlaufen. Anschließend das Nähmaschinenfüßchen heben und das Nähgut in die neue Nährichtung drehen.

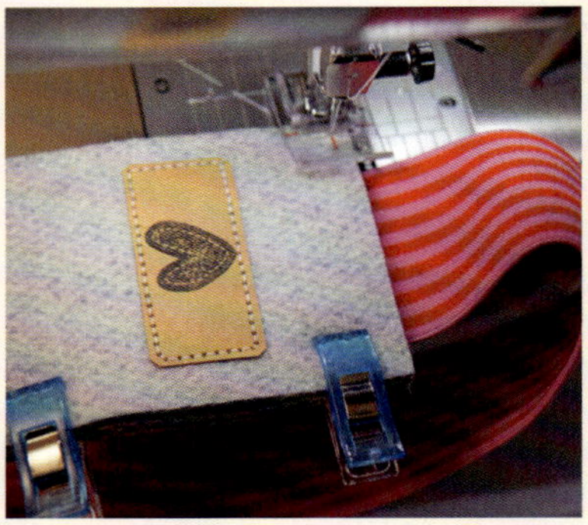

Das Nähmaschinenfüßchen wieder senken und weiternähen bis zur nächsten Ecke, wo sich der Vorgang wiederholt.

Am Nahtende über den Nahtbeginn steppen und die Naht mit Rückstichen sichern.

6 Die Ecken bis kurz vor die Naht schräg abschneiden.

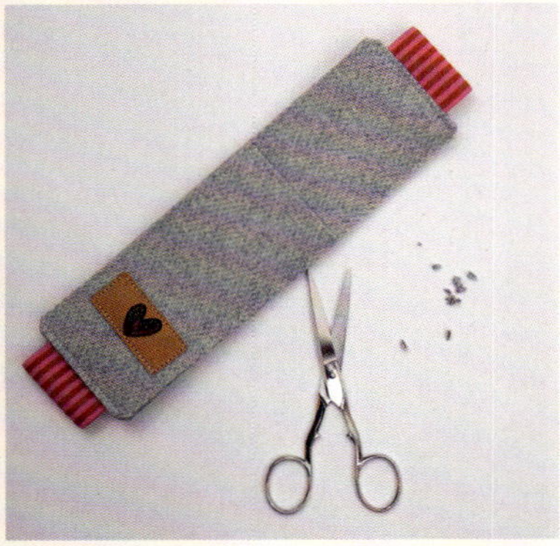

ENGLISCHER WEIHNACHTSBRAUCH

Kamin- oder Geldstrumpf

GRÖSSE
11 cm x 12 cm

MATERIAL
- Wollfilz in Weiß, Türkis, Grün, Hellgrau und Rot, Reste
- doppelseitig aufbügelbares Klebevlies (z. B. Vliesofix), Rest
- geringeltes Jerseyband, ø 2–3 mm, 15 cm
- Nähgarn in Kontrastfarbe
- Lochzange

SCHNITTMUSTERBOGEN B

NAHTZUGABEN
Die Schnittmuster enthalten 3 mm Nahtzugabe.

ZUSCHNITT
Vor dem Zuschneiden von Kappe, Ferse und Herz auf den Wollfilz linksseitig Vliesofix bügeln. Die Markierungen auf die Schnittteile übertragen.

Wollfilz in Naturweiß
1x Rückseite

Wollfilz in Türkis, Rot oder Grün
1x Vorderseite

Wollfilz in Hellgrau meliert
1x Kappe
1x Ferse

Wollfilz in Rot oder Türkis
1x Herz

1 Die Vorderseite entlang der Mittellinie mit Zickzack- oder Zierstich und weiteren beliebigen Nähten in Kontrastfarbe verzieren. Nahtbeginn und -ende mit Rückstichen sichern.

2 Kappe und Ferse auf die Vorderseite bügeln und an den Innenkanten knappkantig feststeppen (siehe Seite 80 „Motive applizieren" und „Motive nachnähen"). Das Herz auf die Außenseite der Strumpfrückseite bügeln und knappkantig feststeppen.

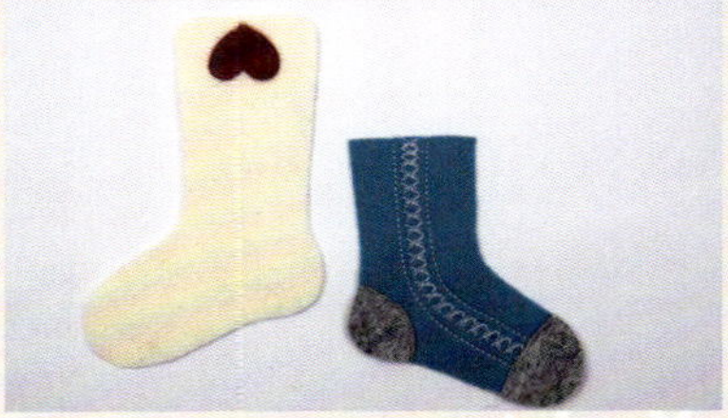

3 Die Strumpfvorderseite links auf links auf die Strumpfrückseite heften und knappkantig feststeppen.

4 Den oberen Strumpfrand umschlagen und mit Klammern fixieren. Mit der Lochzange zwei Löcher im Herz durch alle Filzlagen arbeiten.

5 Die Kordel durch die Löcher ziehen und verknoten.

DIE LIEBEN IMMER DABEI

Schlüsselanhänger mit Münzfach und Fotorahmen

***

GRÖSSE
4,5 cm x 8 cm

MATERIAL
- SnapPap in 2 verschiedenen Farben, Reste
- Baumwollstoff in Schwarz-Weiß oder Rot-Weiß gemustert, Reste
- doppelseitig aufbügelbares Klebevlies (z. B. Vliesofix), Rest (optional)
- farblich passendes Nähgarn
- Vinylfolie
- Wondertape oder doppelseitiges Klebeband
- Druckknopf, ø 10 mm
- Schlüsselring, ø 25 mm
- radierbarer Marker

SCHNITTMUSTERBOGEN D

NAHTZUGABEN
Alle Schnittteile ohne Nahtzugabe zuschneiden.

ZUSCHNITT
Das Haus aus SnapPap in Farbe 2 für die Variante mit großem Herz ohne Fensteröffnung zuschneiden. Vor dem Zuschneiden der Herzen aus Baumwollstoff Vliesofix auf die linke Stoffseite bügeln.

SnapPap in Farbe 1
1x Schlüsselanhänger
1x Fotogrund
1x Fotorahmen
1x Münzfach

SnapPap in Farbe 2
1x Haus

Baumwollstoff in Schwarz-Weiß gemustert
1x Streifen, 10 cm x 6 cm

Baumwollstoff in Rot-Weiß gemustert
1x kleines Herz (für Variante mit kleinem Herz über Schornstein)
1x Herz (für Variante mit großem Herz)

Vinylfolie
1x Sichtfenster

HINWEIS:
Anstelle von Vinylfolie können Sie auch Laminierfolie verwenden, die Sie vor der Verarbeitung leer durchs Laminiergerät laufen lassen.

1 Das Sichtfenster mithilfe von Wondertape auf der linken (rückwärtigen) Seite bündig an der Unterkante des Fotorahmens fixieren. Den oberen Rand des Fotorahmens 7 mm auf links falten.

2 Den umgeklappten Rand des Fotorahmens mittig absteppen, dabei das Sichtfenster feststeppen.

BKS

3 Den Fotorahmen bündig an den Seitenkanten und der unteren Kante links auf links auf den Fotogrund heften. Die Seitenkanten und die untere Kante steppen. Die unteren Ecken schräg 2–3 mm abschneiden.

4 Das Hausmotiv (alternativ Hausmotiv mit Herz) auf die Außenseite und das Münzfach auf die Innenseite des Schlüsselanhängers steppen.

5 Die langen Kanten des Baumwollstoffstreifens 1 cm auf links bügeln. Den Streifen der Länge nach falten und an den langen Seiten knappkantig absteppen.

6 Das Baumwollband durch den hinteren Schlitz des Schlüsselanhängers, den Schlitz des Fotorahmens, den vorderen Schlitz des Schlüsselanhängers und den Schlüsselring fädeln. Die Enden des Stoffstreifens aufeinanderlegen und mit 1 cm Nahtzugabe aufeinandersteppen.

7 Die Nahtzugaben auseinanderbügeln.

8 Das Band wenden, sodass die Nahtzugaben innen liegen. Die Nahtzugaben mittig positionieren und mit einem kleinen Rechteck feststeppen.

9 Für die Druckknöpfe die Stellen am Schlüsselanhänger, an denen die beiden Knopfteile angebracht werden sollen, markieren. Für ein exaktes Anbringen der gezahnten Ringe können Sie die Markierung strahlenförmig und in Größe des Knopfdurchmessers mit Marker anzeichnen.

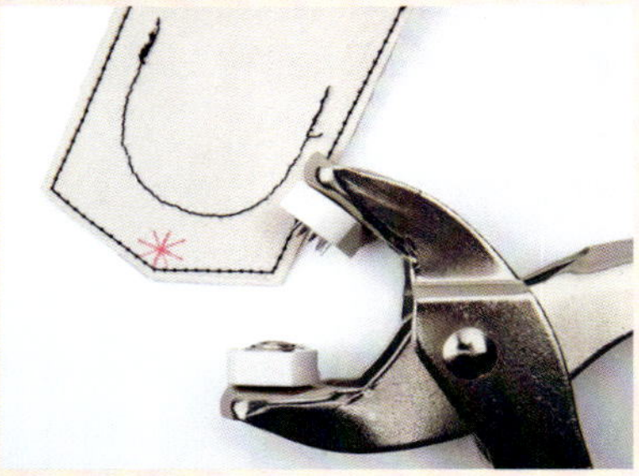

10 Die Druckknöpfe nach Herstelleranleitung anbringen.

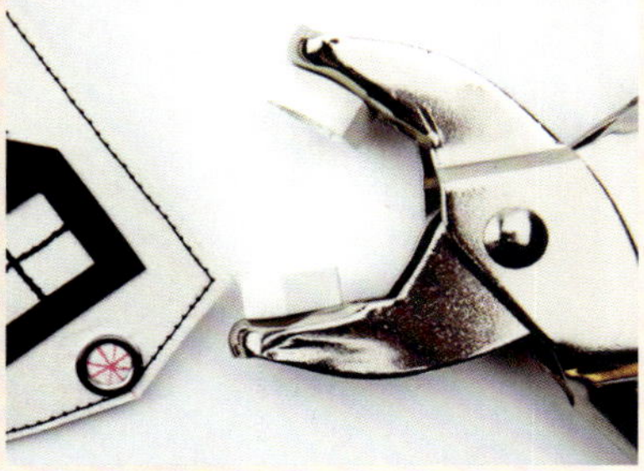

ZUM KUSCHELN

Rentier-Schlafkissen

* * *

GRÖSSE
35 cm x 25 cm

MATERIAL
- Teddyplüsch aus Baumwolle in Naturweiß, 65 cm x 25 cm
- Fleecestoff in Braun, 45 cm x 30 cm (bei Meterware 15 cm), und in Hellgrau meliert, 30 cm x 15 cm
- Wollfilz in Schwarz, Rest
- 200 g Füllwatte oder Füllflocken
- 2 halbrunde Knöpfe in Schwarz, ø 10 mm
- farblich passendes Nähgarn
- Jerseynadel mit Kugelspitze, Stärke 90

SCHNITTMUSTERBOGEN B

NAHTZUGABEN
Alle Teile mit 1 cm Nahtzugabe zuschneiden.

ZUSCHNITT
Die Markierungen von den Schnittmustern auf die Schnittteile übertragen. Die Schnittteile für das Geweih werden während der Verarbeitung zugeschnitten (siehe Schritt 1).

Teddyplüsch in Naturweiß
2x Körper gegengleich
2x Ohr gegengleich

Fleecestoff in Braun
2x Kopf gegengleich
2x Ohr gegengleich
8x Bein, je 4x gegengleich

Fleecestoff in Hellgrau meliert
4x Geweih, je 2x gegengleich (siehe Schritt 1)

Wollfilz in Schwarz
1x Nase

HINWEIS:
Für Kinder unter drei Jahren verwenden Sie keine Knöpfe, sondern schneiden die Augen aus Wollfilz zu (siehe Schnittmusterbogen) und nähen sie auf oder Sie sticken sie mit schwarzem Stick- oder Wollgarn auf.

1 Für das Geweih das Stoffstück quer rechts auf rechts im Stoffbruch falten und das Geweih gegengleich auf die linke Stoffseite aufzeichnen. Die Geweihkonturen mit Geradstich mit etwas geringerer Stichlänge nachsteppen, die Unterkante offen lassen. Nahtbeginn und -ende mit Rückstichen sichern.

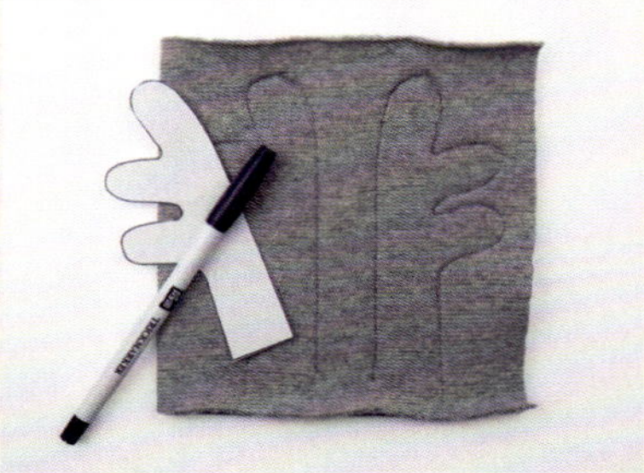

2 Die Schnittteile für die vier Beine rechts auf rechts legen, heften und zusammennähen, die obere Kante zum Wenden offen lassen. Nahtbeginn und -ende jeweils mit Rückstichen sichern. Die Nahtzugaben auf 5 mm zurückschneiden und an den Rundungen bis 2 mm vor der Naht einschneiden.

3 Je 1 Ohr aus Plüsch und 1 Ohr aus Fleece aufeinanderlegen, heften und zusammennähen, die untere Kante zum Wenden offen lassen. Nahtbeginn und -ende jeweils mit Rückstichen sichern.

Die Nahtzugaben auf 5 mm zurückschneiden und an den Rundungen bis 2 mm vor der Naht einschneiden.

4 Die Geweihstangen mit 3 mm Abstand zur Naht ausschneiden. Ohren, Beine und Geweihstangen wenden und ausformen. Mit Füllwatte ausstopfen, dabei jeweils an der Füllöffnung 2 cm ungefüllt lassen, damit die Teile später problemlos am Körper festgenäht werden können. Die Füllöffnungen mit Steppnähten schließen.

5 Die Geweihstangen und die Ohren markierungsgemäß jeweils rechts auf rechts auf die Körperteile heften und innerhalb der Nahtzugabe feststeppen.

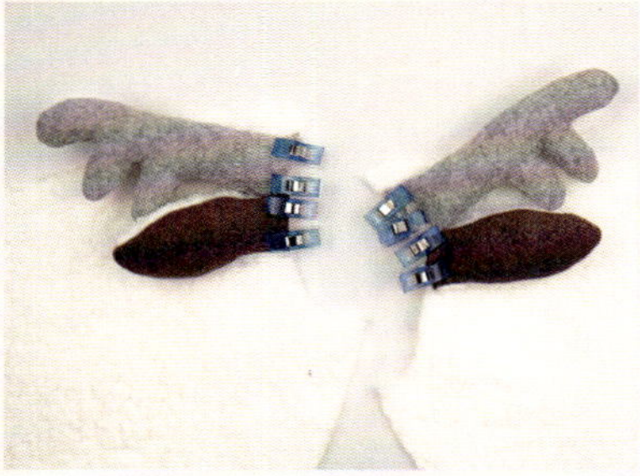

6 Die Kopfteile gemäß Passzeichen über Geweih und Ohren rechts auf rechts an die Körperteile heften. Da hier zwei Schnittteile zusammengesteckt werden müssen, die gegengleich gebogen sind, am besten zunächst Beginn und Ende der Kanten an den Passzeichen mit Stecknadeln oder Klammern fixieren und anschließend die Strecke dazwischen Stück für Stück heften.

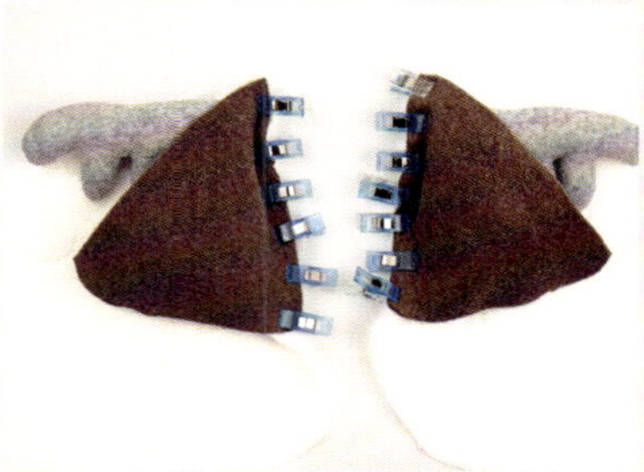

7 Die Kopfteile feststeppen, Nahtbeginn und -ende jeweils mit Rückstichen sichern. Die Nahtzugaben auf 5 mm zurückschneiden und an den Nahtenden auseinanderbügeln.

8 Je 2 Beinpaare markierungsgemäß an ein Körperteil heften und innerhalb der Nahtzugabe feststeppen.

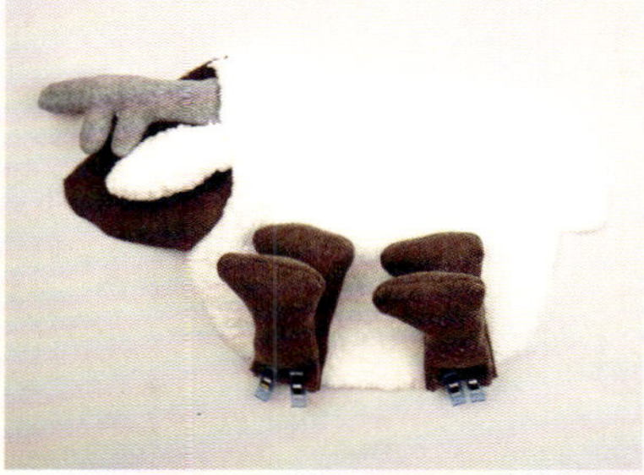

9 Das andere Körperteil rechts auf rechts darüberlegen und die Teile rundherum sorgfältig heften, die Beine zeigen nach innen und liegen zwischen den Stofflagen.

10 Die Körperteile zusammennähen, dabei zwischen den Beinen eine Wendeöffnung lassen. Nahtbeginn und -ende jeweils mit Rückstichen sichern.

11 Das Rentier wenden und mit Füllwatte ausstopfen. Die Wendeöffnung von Hand mit Überwendlingsstichen schließen (siehe Seite 87 „Öffnung mit Überwendlingsstichen schließen").

12 Die Knöpfe als Augen und die Tiernase von Hand annähen; alternativ die Augen mit schwarzem Stick- oder Wollgarn aufsticken.

SICHER UNTERWEGS

Reflektoranhänger für Rucksack & Co.

***

GRÖSSE
5 cm x 11 cm

MATERIAL
- Wollfilz in 2 verschiedenen Farben, Reste
- Reflektorband zum Aufkleben, 20 mm breit, 12 cm
- 1 Öse mit Scheibe in Silber, ø 4 mm
- Nähgarn in Kontrastfarbe
- farblich passende Kordel in Schwarz-Weiß oder Rot-Weiß geringelt, ø 2–3 mm, 25 cm
- Sicherheitsnadel in Silber

SCHNITTMUSTERBOGEN A

NAHTZUGABEN
Die Schnittteile für den Wollfilz enthalten 3 mm Nahtzugabe.

ZUSCHNITT
Alle Markierungen vom Schnittmuster auf die Schnittteile übertragen.

Wollfilz in Farbe 1
2x Anhänger

Wollfilz in Farbe 2
2x Rechteck

Reflektorband
2x 6 cm

1 Die Ecken an den Rechtecken aus Wollfilz in Farbe 2 und an den Reflektorbändern schräg 2–3 mm abschneiden.

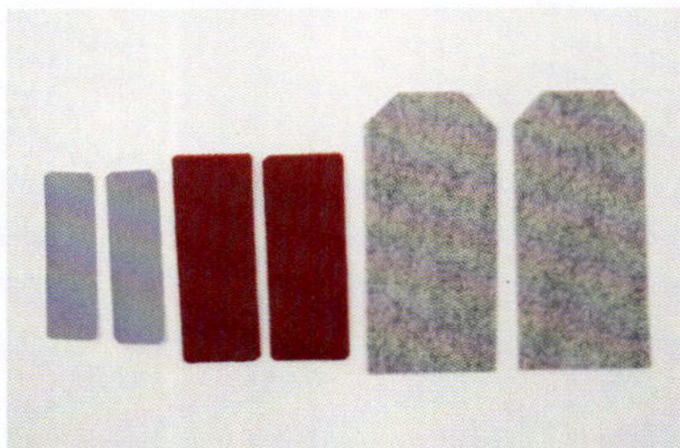

2 Die Reflektorbänder auf die Rechtecke aus Wollfilz in Farbe 2 kleben und diese mittig auf die rechte Stoffseite der beiden Anhänger legen.

3 Die Rechtecke rundherum knappkantig auf die Anhänger steppen und weitere beliebige diagonale Nähte über Reflektorband und Rechteck steppen.

4 Die zwei Anhänger links auf links legen und knappkantig zusammensteppen. Die unteren Ecken schräg 2–3 mm abschneiden.

5 Die Öse mit Scheibe gemäß Markierung nach Herstellerangaben anbringen.

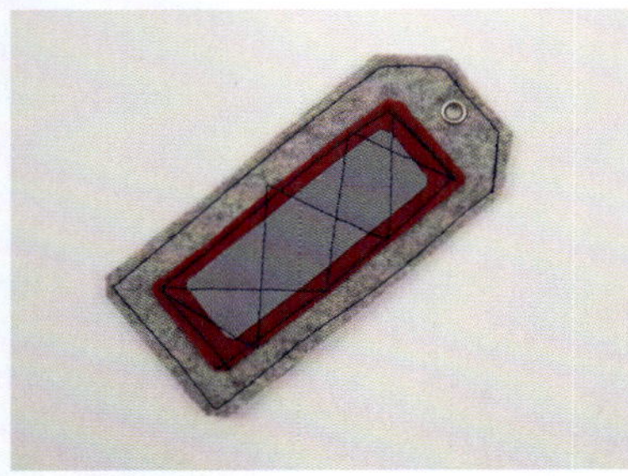

HINWEIS:
Die Nadel kann beim Nähen von selbstklebendem Reflektorband ggf. verkleben. Säubern Sie die Nadelspitze anschließend sicherheitshalber.

STYLISCHER WINTERSPAZIERGANG

Ohrenwärmer und Dreieckschal

* * *

Ohrenwärmer

GRÖSSE
Einheitsgröße

MATERIAL

- Teddyplüsch oder Fellimitat in Rosa, Hellblau oder Weiß, 30 cm x 30 cm (bei Meterware 15 cm)
- Strickstoff in Schwarz-Weiß gemustert, 40 cm x 10 cm
- dickes Volumenvlies zum Aufbügeln (z. B. Vlieseline H 630), 30 cm x 30 cm (bei Meterware 15 cm)
- Füllwatte
- farblich passendes Nähgarn
- Jerseynadel mit Kugelspitze, Stärke 80
- Haarreif in passender Größe
- 2 runde Kunststoffdeckel von Chipsverpackungen, ø ca. 8 cm
- 4 Buchschrauben, ø 10 mm (Kopf) und ø 5 mm (Schaft)
- Bohrmaschine mit Holzbohrer, ø 5 mm
- Schraubendreher
- Lochzange

HINWEIS:
Anstelle der Kunststoffdeckel von röhrenförmigen Chipsverpackungen können Sie auch Acryl-Trennscheiben aus dem Bastelbedarf in der derselben Größe verwenden.

SCHNITTMUSTERBOGEN A

NAHTZUGABEN
Die Schnittmuster für die Kreise enthalten eine Nahtzugabe von 1 cm.

ZUSCHNITT
Der Zuschnitt des Haarreifbezugs aus Strickstoff erfolgt während der Verarbeitung.

Teddyplüsch
2x kleiner Kreis
2x großer Kreis

Volumenvlies
2x kleiner Kreis
2x großer Kreis

HINWEIS:
Sie können die Größe der Ohrenwärmer durch Vergrößern oder Verkleinern der Kreisschablone anpassen.

1 An jedem Ende des Haarreifs 2 Löcher bohren: das erste Loch mit einem Abstand von 1 cm zum Haarreifende, das zweite Loch mit einem Abstand von 1,5 cm zum ersten Loch. Der untere Teil der Buchschrauben sollte durch die Löcher passen.

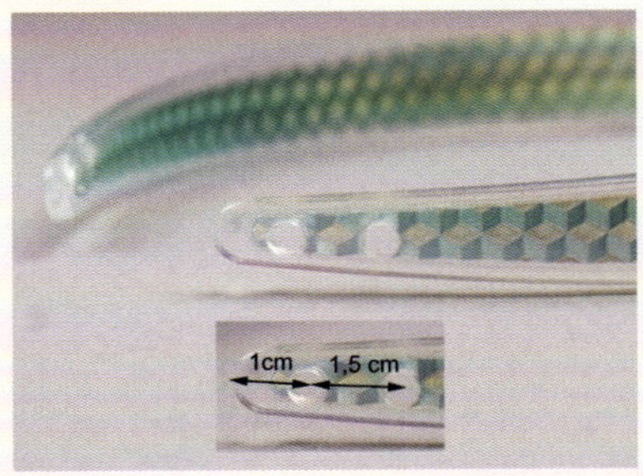

2 Den Haarreif aufsetzen und die Position für die Befestigung der Kunststoffdeckel festlegen: Die Scheiben sollten mittig auf den Ohren sitzen. Die Scheibenkante jeweils auf dem Haarreif markieren. Haarreif absetzen und die Löcher auf die Scheiben übertragen.

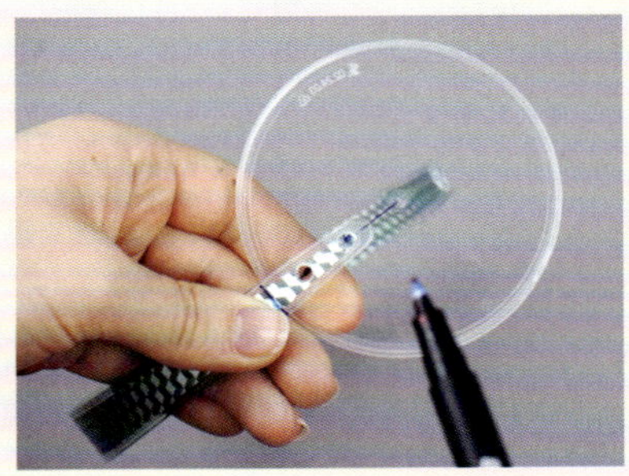

3 Die Löcher mit der Lochzange stanzen (Kunststoff) oder bohren (Acrylglas). Der obere Teil der Buchschrauben sollte durch die Löcher passen.

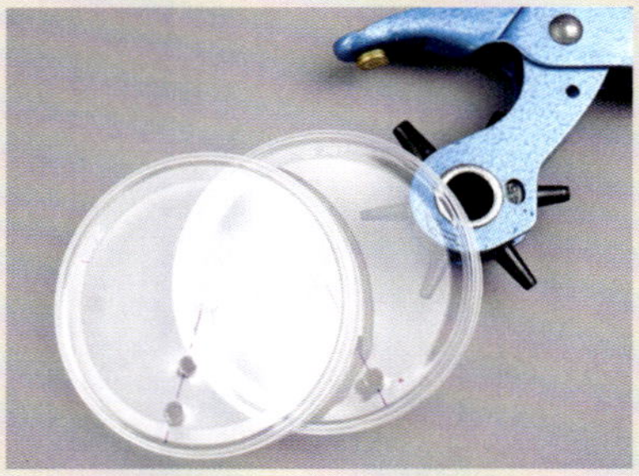

4 Für den Zuschnitt des Haarreifbezugs die Länge des Haarreifs wie auf dem Foto von innerem Loch zu innerem Loch messen und das Maß notieren.

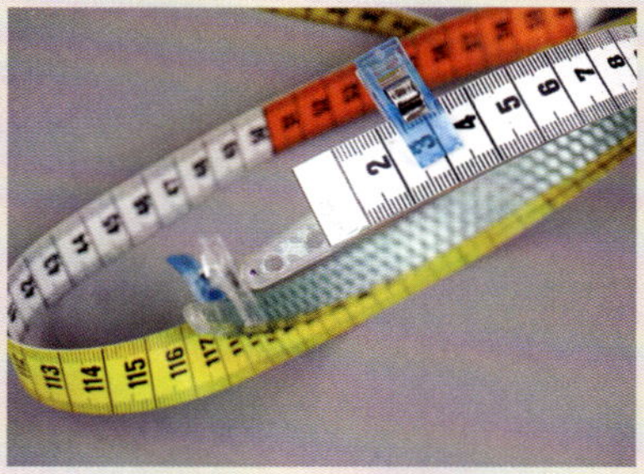

5 Die Breite des Haarreifs an der breitesten Stelle messen. Dieses Maß verdoppeln und 2,5 cm addieren (z. B. bei einer Breite von 3 cm: 3 cm x 2 + 2,5 cm = 8,5 cm)

6 Den Stoffstreifen mit den ermittelten Maßen aus Strickstoff zuschneiden und an den kurzen Kanten versäubern.

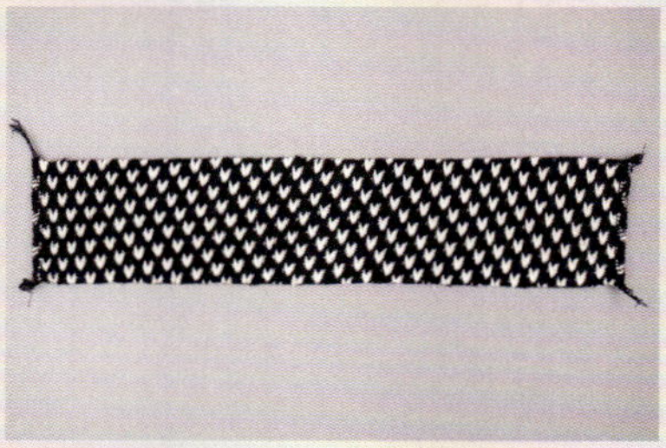

7 Den Haarreifbezug der Länge nach rechts auf rechts klappen und die langen Kanten zusammennähen. Bei stark fransenden Stoffen die Kante versäubern.

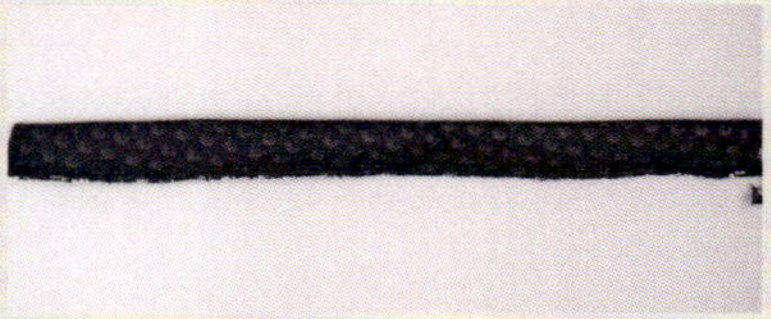

8 Den Haarreifbezug mithilfe einer Sicherheitsnadel auf rechts wenden und über den Haarreif ziehen.

9 Die beiden Scheiben mithilfe der Buchschrauben am Haarreif befestigen, dabei nach Möglichkeit die Enden des Bezugs mit einklemmen.

10 Wenn die Scheiben einen Rand haben, können Sie einen Rest Teddyplüsch, Fellimitat oder Volumenvlies passend zuschneiden und in die Scheiben kleben, damit sie später nicht drücken.

11 Für den Bezug der Scheiben die Kreise aus Volumenvlies auf die linke Stoffseite der Stoffkreise bügeln. Bei stark fransenden Stoffen die Stoffkreise zuvor rundherum versäubern.

12 Auf die großen Kreise mit 7 mm Abstand zur Kante Einhaltefäden mit größtmöglicher Stichlänge steppen. Die Nähte ca. 2 cm überlappen lassen, Nahtbeginn und -ende nicht verriegeln und die Fadenenden lang abschneiden.

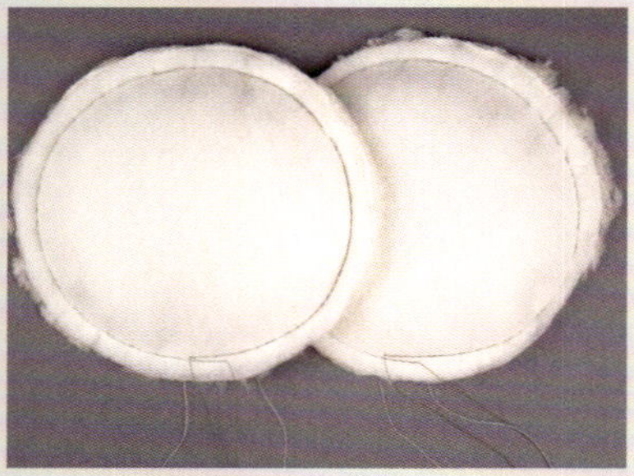

13 Die Ränder der großen Kreise mithilfe der Einhaltefäden auf die Größe der kleinen Kreise einkräuseln und die Fäden verknoten.

14 Die großen Kreise rechts auf rechts auf die kleinen Kreise legen, heften oder mit Klammern fixieren. Jeweils eine 7 cm große Wendeöffnung einzeichnen.

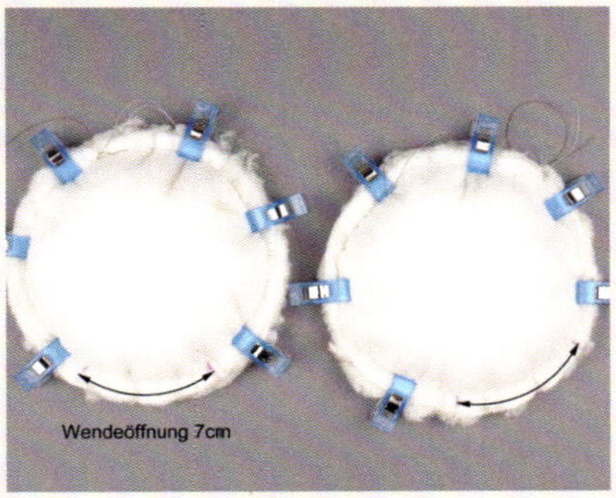

15 Die Ohrenwärmer rundherum zusammennähen, dabei die Wendeöffnung offen lassen. Nahtanfang und -ende mit Rückstichen sichern. Die Ohrenwärmer auf rechts wenden und ausformen.

16 Die Scheiben in die Ohrenwärmer schieben, sodass die gewölbten Seiten der Ohrenwärmer außen sitzen. Die gewölbten Seiten mit Füllwatte ausstopfen.

17 Die Öffnungen heften oder mit Klammern fixieren.

18 Die Öffnung mit Überwendlingsstichen schließen (siehe S. 87 „Öffnung mit Überwendlingsstichen schließen"). Zum Schluss den Bezug des Haarreifs von Hand mit Überwendlingsstichen (siehe Seite 88: „Überwendlingsstich") rundherum an den Ohrenwärmern festnähen.

* * *

Dreieckschal

GRÖSSE

150 cm x 75 cm

MATERIAL

- Strickstoff, 150 cm breit, 75 cm
- farblich passendes Nähgarn
- Jerseynadel mit Kugelspitze, Stärke 80

1 Den Strickstoff in den Stoffbruch legen und gemäß Skizze auf Schnittmusterbogen A zuschneiden.

2 Den Dreieckschal rundherum mit einem dehnbaren Stich (Overlockstich oder Zickzackstich) oder einem Rollsaum und farblich passendem Garn versäubern und die Nahtenden verriegeln. Wenn Sie eine Overlockmaschine benutzen, schneiden Sie die Fadenraupen 5 cm lang ab und ziehen sie anschließend mit einer Stopfnadel in die Overlocknaht ein.

TIPP

Aus den zwei kleinen Dreiecken, die beim Zuschneiden als Verschnitt anfallen, lassen sich prima kleine Dreieckschals für Kinder nähen.

LAST-MINUTE-GESCHENK

Windlicht aus Stoffresten

* * *

GRÖSSE
Individuell, je nach Glasgröße

MATERIAL
- Stoffreste
- aufbügelbare Vlieseinlage (z. B. Vlieseline H 250)
- Strasssteine zum Aufbügeln
- farblich passendes Nähgarn
- Nähgarn in Kontrastfarbe
- Trickmarker
- Honig- oder Marmeladenglas

SCHNITTMUSTERBOGEN D

NAHTZUGABEN
Die Hülle an den Seitenkanten mit 1 cm Nahtzugabe, an der oberen und unteren Kante mit je 2 cm Nahtzugabe zuschneiden.

ZUSCHNITT
Der Zuschnitt der Hülle erfolgt während der Verarbeitung. Dünne Stoffe nach dem Zuschnitt und vor der Verarbeitung mit Vlieseinlage verstärken. Die Vlieseinlage mit 1 cm Nahtzugabe an den Seitenkanten und ohne Zugaben an der oberen und unteren Kante zuschneiden und mittig auf die linke Stoffseite aufbügeln.

TIPP
Sie können den Deckel des Glases auch mit Alufolie bekleben und im Glas Weihnachtsgebäck oder eine Gewürzmischung für Punsch mit handgeschriebenem Rezept verschenken.

1 Umfang und Höhe des Honig- oder Marmeladenglases exakt ausmessen. Ein Rechteck mit den Maßen auf die linke Stoffseite aufzeichnen. An den Seitenkanten je 1 cm Nahtzugabe, an Ober- und Unterkante 2 cm Saumzugabe anzeichnen.

2 Das Stoffrechteck ausschneiden. Dünne Stoffe linksseitig mit Vlieseinlage verstärken.

3 Das Sternmotiv mit Trickmarker mittig auf die rechte Stoffseite zeichnen und mit eng gestelltem Zickzackstich (Stichlänge 1 mm, Stichbreite 3 mm) nachnähen. Das Nahtende mit einigen kurzen Geradstichen verriegeln.

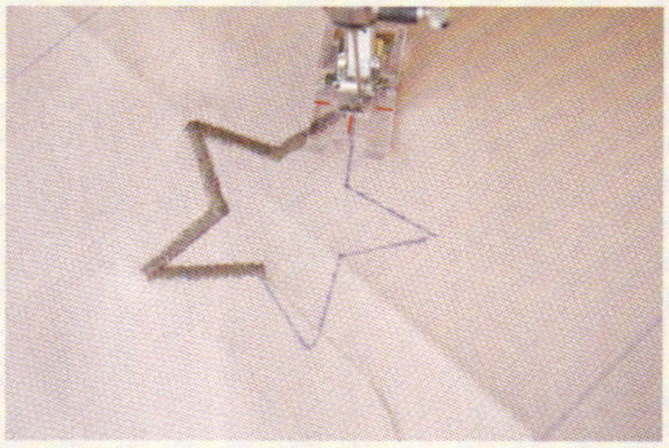

4 Die Seitenkanten der Hülle mit Zickzackstich oder Overlockstich versäubern und die Hülle bügeln.

5 Die obere und die untere Kante der Hülle 2 cm auf links umbügeln und 1 cm einschlagen.

6 Ober- und Unterkante knappkantig mit Gerad- oder Zickzackstich annähen. Das Sternmotiv mit aufbügelbaren Strasssteinen verzieren.

7 Das Sternmotiv entlang der Zickzacknaht mit einer kleinen Schere ausschneiden, dabei die Naht nicht beschädigen.

8 Die Seitenkanten rechts auf rechts legen und mit 1 cm Nahtzugabe zusammennähen. Die Nahtzugaben auseinanderbügeln, die Hülle auf rechts wenden und über das Glas ziehen.

eihnachtspunsch
Lasst es Euch gut schmecken !

WEIHNACHTSGRUẞ AUS SCHWEDEN

Traditionelle Dalapferdchen

* * *

GRÖSSE

11 cm x 11 cm

MATERIAL

- Wollfilz in 3 verschiedenen Farben, 30 cm x 15 cm (Körper) und Reste
- Füllwatte oder Füllflocken
- farblich passendes Nähgarn
- Nähgarn in Kontrastfarbe
- 15 Strasssteine zum Aufbügeln oder Aufkleben, ø 2–3 mm
- Kreidestift oder Trickmarker

SCHNITTMUSTERBOGEN A

NAHTZUGABEN

Die Schnittmuster enthalten keine Nahtzugabe. Den Körper zunächst in groben Umrissen mit 1–1,5 cm Nahtzugabe ausschneiden. Der exakte Zuschnitt des Körpers erfolgt während der Verarbeitung (siehe Anleitung). Rücken, Mähne und Tropfen ohne Nahtzugabe zuschneiden.

ZUSCHNITT

Wollfilz in Farbe 1
2x Körper gegengleich

Wollfilz in Farbe 2
1x Rücken
1x Mähne

Wollfilz in Farbe 3
1x großer Tropfen
4x kleiner Tropfen

1 Den Verlauf der Ziernähte mit Kreidestift oder Trickmarker auf die rechte Stoffseite der vorderen Körperhälfte aufzeichnen.

2 Die Ziernähte mit Nähgarn in Kontrastfarbe und dreifachem Zickzackstich mit kleiner Stichweite (oder einem anderen kleinen Zierstich) nachnähen, dabei exakt an der markierten Körperkontur beginnen und enden und die Nähte mit Rückstichen sichern.

3 Rücken und Mähne exakt an der markierten Körperkontur anlegen und mit feinem Zickzackstich und Nähgarn in Kontrastfarbe applizieren (siehe Seite 80 „Motive applizieren" und „Motive nachnähen").

4 Die Tropfen markierungsgemäß auflegen und mit Geradstich entlang der Mitte aufnähen.

5 Die hintere Körperhälfte links auf links auf die vordere Körperhälfte legen und mit farblich passendem Nähgarn zusammennähen, dabei die Füllöffnung gemäß Markierung offenlassen.

6 Die Nahtzugaben auf 3 mm zurückschneiden, an der Füllöffnung nicht zurückschneiden. Alle spitzen Ecken an Beinen, Schnauze und Ohr im 45-Grad-Winkel abschrägen. Die Strasssteine aufbügeln oder -kleben.

7 Das Dalapferdchen mit Füllwatte ausstopfen. Die Füllöffnung mit der Nähmaschine schließen und die Nahtzugabe auf 3 mm zurückschneiden.

TIPP

Für die Variante mit Aufhänger 20 cm Baumwollband (5 mm breit) zur Schlaufe legen und vor dem Zusammennähen am Halsansatz zwischen die Lagen schieben. Die Nahtzugaben anschließend an dieser Stelle getrennt zuschneiden (siehe Schritt 6).

WEIHNACHTLICHE KÜCHENHELFER

Minitopflappen

GRÖSSE
13 cm x 8 cm

MATERIAL
(für 2 Minitopflappen)
- Außenstoff: Baumwollstoff, 30 cm x 20 cm
- Innenstoff: Baumwollstoff, 30 cm x 20 cm
- Thermovlies (z. B. Vlieseline 272 Thermolam), 30 cm x 20 cm
- doppelseitig aufbügelbares Klebevlies (z. B. Vliesofix), 30 cm x 20 cm
- farblich passendes Nähgarn

SCHNITTMUSTERBOGEN A

NAHTZUGABEN
Den Topflappen aus Außen- und Innenstoff mit 1 cm Nahtzugabe, die Schnittteile aus Thermovlies ohne Nahtzugabe zuschneiden.

ZUSCHNITT
Auf das Thermovlies vor dem Zuschneiden der Schnittteile linksseitig Vliesofix bügeln. Alle Markierungen vom Schnittmuster auf die Schnittteile übertragen.

Außenstoff
2x Topflappen

Innenstoff
2x Topflappen
2x Schlaufe, 8 cm x 4 cm

Thermovlies
4x Topflappen

1 Das Thermovlies jeweils auf die linke Stoffseite der Topflappen aus Außen- und Innenstoff bügeln.

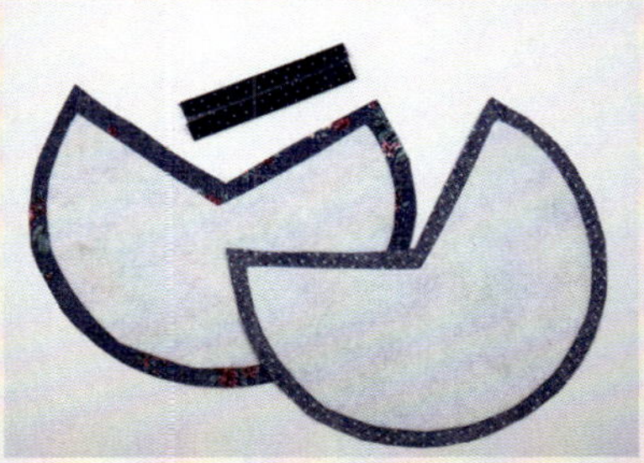

2 Die beiden langen Kanten der Schlaufe 1 cm auf links bügeln. Die Schlaufe der Länge nach links auf links klappen und knappkantig an der umgebügelten Kante zusammensteppen.

3 Die Seitenkanten von Außen- und Innenstoff links auf links legen und heften. Die Schlaufe zusammenklappen und an der Markierung so zwischen die Lagen des Außenstoffs schieben, dass die offenen Enden nach außen zeigen.

4 Die Seitenkanten zusammennähen. Die Nahtzugaben an den Ecken schräg zurückschneiden. Die Nahtzugaben auseinanderbügeln.

5 Jeweils einen Topflappen aus Innen- und einen Topflappen aus Außenstoff rechts auf rechts legen und an den Außenkanten heften.

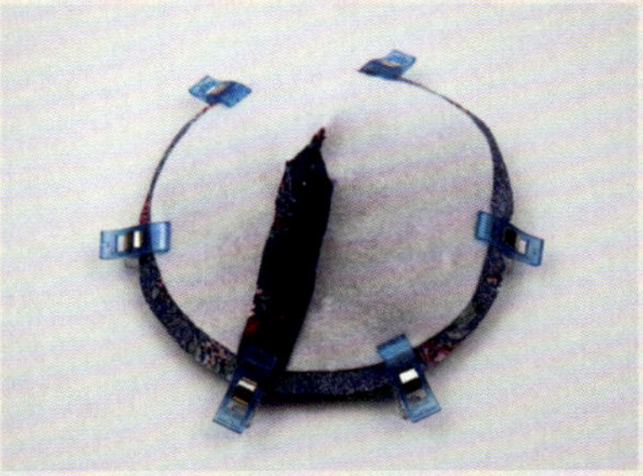

6 Die Teile an der Unterkante zusammennähen, dabei gemäß Markierung eine Wendeöffnung lassen und die Naht am Anfang und Ende der Wendeöffnung mit Rückstichen sichern. Die Nahtzugaben rundherum bis 2 mm vor die Naht einschneiden und an der Wendeöffnung umbügeln.

7 Die Topflappen auf rechts wenden, die Stofflagen an der Unterkante sauber aufeinanderbügeln. Wendeöffnung und Kante heften.

8 Die Unterkante rundherum knappkantig absteppen, dabei wird die Wendeöffnung geschlossen.

So schön, so bunt, so nützlich!

FÜR DICH

Geschenkanhänger aus SnapPap

GRÖSSE
Geschenkanhänger rechteckig
5 cm x 9,5 cm
Geschenkanhänger rund 5,5 cm
(Abbildung siehe Seite 73)

MATERIAL
- SnapPap in Weiß oder Braun, Reste
- Baumwollstoff in Rot gemustert, Rest
- doppelseitig aufbügelbares Klebevlies (z. B. Vliesofix), Reste
- Nähgarn in Rot
- Öse mit Scheibe, ø 5 mm
- Geschenkkordel
- Stempel mit Weihnachtsmotiven (z. B. Dalapferd, Mistelzweig, Tannenbaum)
- Stempelkissen mit Textilfarbe in Schwarz

SCHNITTMUSTERBOGEN A

NAHTZUGABEN
Alle Schnittteile ohne Nahtzugabe zuschneiden.

ZUSCHNITT
Die Lochmarkierung vom Schnittmuster auf das Schnittteil für den rechteckigen Anhänger übertragen. Vor dem Zuschneiden der Herzen Klebevlies auf die linke Stoffseite des Baumwollstoffs bügeln (Abbildung siehe Seite 73).

SnapPap
1x Anhänger

Baumwollstoff
1x großes oder kleines Herz (Variante mit Herz, siehe Seite 73)

1 Die Vorderseite des Anhängers mit Stempel und Applikation (siehe Seite 80 „Motive applizieren" und „Motive nachnähen") oder einem Zierstich (z. B. Wabenstich) verzieren.

2 Den Anhänger rundherum knappkantig mit Zickzack- oder Geradstich absteppen.

3 Die Position für die Öse markieren und die Öse gemäß Herstelleranleitung anbringen (Abbildung siehe Seite 73).

Merry Christmas
Merry Christmas
Merry Christmas
FROHE Weihnachten
Merry Christmas
Merry Christmas
FROHE Weihnachten
FROHE Weihnachten

STERNE & TANNEN

Girlande für den Weihnachtsbaum

GRÖSSE
Tanne 12 cm x 17 cm
Stern 10 cm x 10 cm

MATERIAL
- gemusterte Baumwollstoffe
- dünnes Volumenvlies zum Aufbügeln (z. B. Vlieseline H 630)
- feste Pappe oder Tonkarton
- farblich passendes Nähgarn
- Satinband in Dunkelblau, 10 mm breit, 2,30 m
- 29 Glöckchen in Silber mit Öse, 8 mm breit
- Zickzackschere

SCHNITTMUSTERBOGEN B

NAHTZUGABEN
Die Schnittmuster enthalten keine Nahtzugabe.

ZUSCHNITT
Der Zuschnitt der Schnittteile (8x Tanne, 7x Herz) erfolgt während der Verarbeitung mithilfe von Schnittschablonen. Übertragen Sie dazu die beiden Schnittteile auf Papier oder Pappe.

Baumwollstoff 1
16x Rechteck, 15 cm x 20 cm

Baumwollstoff 2
14x Quadrat, 12 cm x 12 cm

Volumenvlies
16x Rechteck, 15 cm x 20 cm
14x Quadrat, 12 cm X 12 cm

1 Das Volumenvlies jeweils passgenau auf die linke Stoffseite der Rechtecke aus Baumwollstoff bügeln.

2 Die Stoffrechtecke links auf links legen, die Vliesseiten treffen aufeinander. Die Motivschablone aus Pappe auf eine Seite heften.

3 Das Motiv mit Geradstich rundherum nachsteppen, dabei exakt neben der Schablone nähen. Nahtanfang und -ende mit Rückstichen sichern.

4 Das Motiv mit der Zickzackschere und mit ca. 3 mm Abstand zur Naht ausschneiden.

5 Die Motive gleichmäßig verteilt mit jeweils 12 cm Abstand von Motivmitte zu Motivmitte von Hand auf das Seidenband nähen, dabei jeweils ein Glöckchen mit aufnähen. Mittig zwischen die Motive jeweils ein weiteres Glöckchen von Hand auf das Seidenband nähen.

FÜR FROHE BOTSCHAFTEN

Flaschenanhänger und Geschenkumschläge

* * *

GRÖSSE

Kleiner Flaschenanhänger
5 cm x 16 cm
Großer Flaschenanhänger
8 cm x 24 cm
Geschenkumschlag
8 cm x 17 cm

MATERIAL

- SnapPap in Weiß
- Baumwollstoff in Rot gemustert
- doppelseitig aufbügelbares Klebevlies (z. B. Vliesofix), Rest
- Nähgarn in Rot
- Stempel mit Weihnachtsmotiv (z. B. Hirsch, Dalapferd, Tannenbaum)
- Stempelkissen mit Textilfarbe in Schwarz
- Lochzange oder Locher
- Geschenkkordel in Rot-Weiß, 40 cm

SCHNITTMUSTERBOGEN B

NAHTZUGABEN

Alle Schnittteile ohne Nahtzugabe zuschneiden.

ZUSCHNITT

Alle Markierungen vom Schnittmuster auf die Schnittteile übertragen. Für die Varianten mit Herz vor dem Zuschneiden der Herzen Vliesofix auf die linke Stoffseite des Baumwollstoffs bügeln

SnapPap in Weiß
1x Vorderseite
1x Rückseite

Baumwollstoff in Rot gemustert
1x großes oder kleines Herz (Variante mit Herz)

1 Die Vorderseite von Anhänger oder Umschlag mit Stempel (siehe Seite 82 „Stempeln auf SnapPap") und Applikation (siehe Seite 80 „Motive applizieren" und „Motive nachnähen") oder einem Zierstich (z. B. Wabenstich) verzieren. Die Textilfarbe nach Herstellerangaben fixieren.

2 Die obere Kante der Vorderseite von rechts mit Zickzack- oder Geradstich absteppen.

3 Für den Geschenkumschlag die Schnittteile gemäß Markierung lochen. Für die Flaschenanhänger die runde Öffnung für den Flaschenhals ausschneiden.

4 Die Vorderseite links auf rechts auf die Rückseite heften, dabei treffen Seitenkanten und Unterkante bündig aufeinander. Anhänger bzw. Umschlag rundherum knappkantig mit Zickzack- oder Geradstich absteppen, dabei die Vorderseite mit festnähen.

5 Beim Geschenkumschlag den Verschluss am Falz umklappen und die Kordel einziehen.

Stylische Geschenkverpackungen aus Reststoffen

Aus Stoffresten lassen sich im Handumdrehen individuelle Geschenkverpackungen zaubern. Sie können ein Stoffrechteck mit Stempeln und Textilfarbe bedrucken (siehe Seite 82 „Stempeln auf Stoff"), es rundherum versäubern und dann als Geschenkpapier verwenden. Oder Sie nähen aus dem bedruckten Stoff eine Geschenktüte. Folgen Sie dazu einfach den Maßangaben und der Anleitung für die Lichttüten auf Seite 77 (Schritt 4–9).

FROHE
Weihnachten
FROHE
Weihnachten
FROHE
Weihnachten
FROHE
Weihnachten

EIN MÄNNLEIN STEHT IM WALDE

Fliegenpilze in weihnachtlichem Kleid

* * *

GRÖSSE

Kleiner Pilz 7 cm x 9 cm
Mittlerer Pilz 8 cm x 10 cm
Großer Pilz 11 cm x 13 cm

MATERIAL

- Baumwollstoff in Rot gemustert und in Weiß, Reste
- Füllwatte
- Dekosand in Weiß oder Hellgrau
- farblich passendes Nähgarn

SCHNITTMUSTERBOGEN A

NAHTZUGABEN

Alle Schnittteile mit 1 cm Nahtzugabe zuschneiden.

ZUSCHNITT

Alle Markierungen vom Schnittmuster auf die Schnittteile übertragen.

Baumwollstoff in Rot gemustert
2x Kappe gegengleich

Baumwollstoff in Weiß
2x Fuß gegengleich

1 Die Kappenteile rechts auf rechts legen, heften und bis auf die Wendeöffnung zusammennähen. Nahtbeginn und -ende mit Rückstichen sichern. Die Nahtzugaben auf 3 mm zurückschneiden, entlang der Wendeöffnung nicht zurückschneiden.

2 Die Nahtzugaben an der Wendeöffnung umbügeln.

3 Die Kappe auf rechts wenden. Die Rundungen mithilfe einer stumpfen Nadel, einer Stricknadel oder einem kleinen Borstenpinsel ausformen.

4 Die Kappe fest mit Füllwatte ausstopfen. Beim Ausstopfen ist ebenfalls ein kleiner Borstenpinsel sehr hilfreich (siehe Seite 85 „Füllen von kleinen Formen“).

5 Die Fußteile rechts auf rechts legen, heften und zusammennähen, die obere Kante als Wendeöffnung offen lassen. Nahtbeginn und -ende mit Rückstichen sichern. Die Nahtzugaben auf 3 mm zurückschneiden.

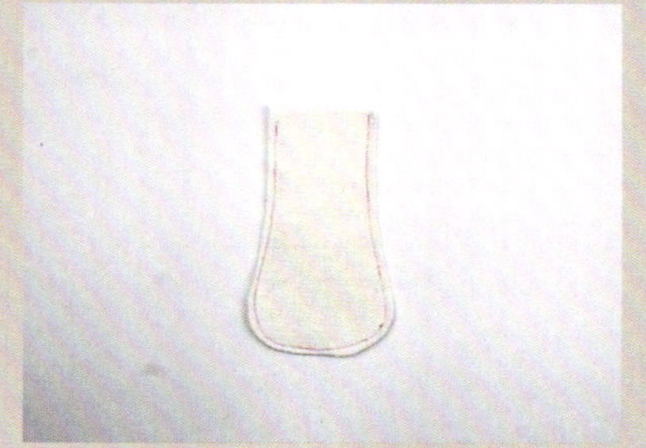

6 Den Fuß auf rechts wenden. Die Rundungen mithilfe einer stumpfen Nadel, einer Stricknadel oder einem kleinen Borstenpinsel ausformen. Den oberen Rand 1 cm nach außen umklappen, um das Befüllen zu erleichtern.

7 Den Fuß zu zwei Dritteln mit Dekosand befüllen.

8 Das obere Drittel des Fußes mit Füllwatte ausstopfen. Den oberen Rand wieder hochklappen, mit einem langen Faden umwickeln und den Faden fest verknoten. Die Fadenenden nicht abschneiden. Ein Fadenende auf eine Nähnadel fädeln.

9 Den Fuß in die Öffnung der Kappe schieben und von Hand mit feinen Überwendlingsstichen annähen (siehe Seite 88 „Überwendlingsstich").

10 Den Faden mit 3 kleinen Stichen auf der Stelle vernähen und nach innen ziehen. Die Nadel wieder ausstechen und den überstehenden Faden abschneiden. Das andere Fadenende ebenfalls mit einigen kleinen Stichen vernähen und nach innen ziehen. Die Nadel wieder ausstechen und den überstehenden Faden abschneiden.

HEIMELIGE ATMOSPHÄRE

Lichttüten mit Weihnachtsmotiven

* * *

GRÖSSE
Kleine Lichttüte 10 cm x 14 cm x 7 cm
Große Lichttüte 12 cm x 17 cm x 8 cm
Die Angaben für die zwei Größen sind durch Schrägstriche getrennt.

MATERIAL
- Baumwoll- oder Leinenstoff in Weiß, 45 cm x 25 cm / 50 cm x 30 cm
- Baumwollstoffe in Rot und Grau gemustert, Reste
- leichte Vlieseinlage zum Aufbügeln (z. B. Vlieseline H 220), 45 cm x 25 cm / 50 cm x 30 cm
- doppelseitig aufbügelbares Klebevlies (z. B. Vliesofix), Rest
- Strasssteine zum Aufbügeln oder kleine Perlen (optional)
- farblich passendes Nähgarn
- Garn in Kontrastfarbe
- batteriebetriebene LED- Lichterkette oder LED-Teelicht
- kleine Wäscheklammer und kleiner Deko- Anhänger
- Kopierpapier oder Trickmarker

HINWEIS:
Wenn Sie einen sehr festen Baumwollstoff verarbeiten, benötigen Sie keine Vlieseinlage.

SCHNITTMUSTERBOGEN C

NAHTZUGABEN
Das Schnittmuster enthält 1 cm Nahtzugabe und 3 cm Saumzugabe.

ZUSCHNITT
Das Schnittmuster für den Korpus enthält 1 cm Nahtzugabe.

Baumwoll- oder Leinenstoff in Weiß
2x Korpus

Baumwollstoff in Rot oder Grau gemustert
1x Rotkehlchen Körper
1x Rotkehlchen Bauch
1x Stern
1x Herz

VLIESEINLAGE
2x Korpus

1 Die Vlieseinlage passgenau auf die linke Stoffseite der Korpusteile aufbügeln.

2 Das vordere Korpusteil verzieren, dazu das Motiv zunächst mithilfe von Kopierpapier oder Durchpausen mit Trickmarker auf den Stoff übertragen.

3 Das gewünschte Motiv applizieren (siehe Seite 80 „Motive applizieren" und „Motive nachnähen"). Die Linien der Zeichnung mit Geradstich und kleiner Stichlänge zweifach absteppen. Das Motiv nach Wunsch mit aufbügelbaren Strasssteinen oder kleinen Perlen verzieren.

4 Die Korpusteile rechts auf rechts legen. Die Seitenkanten und den Boden heften.

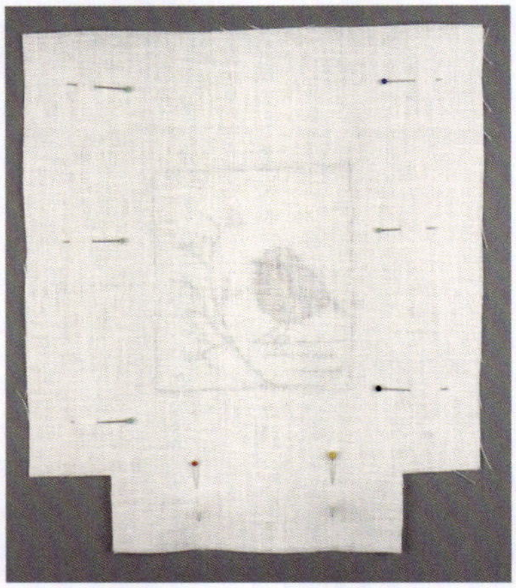

5 Die Seitennähte und die Bodennaht schließen, dabei die inneren Ecken aussparen (im Foto zur besseren Sichtbarkeit mit kontrastfarbenem Garn genäht). Die Nahtzugaben auf 5 mm zurückschneiden und zusammengefasst mit Zickzack- oder Overlockstich versäubern.

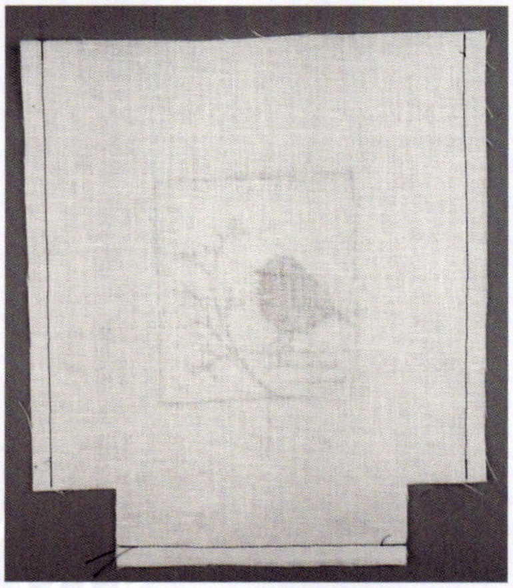

6 Die Stofflagen auseinanderziehen und die Kanten der inneren Ecken am Boden aufeinanderlegen, sodass jeweils Seiten- und Bodennaht aufeinandertreffen. Die Kanten heften, dabei die Nahtzugaben der Seitenkanten und des Bodens nach hinten legen.

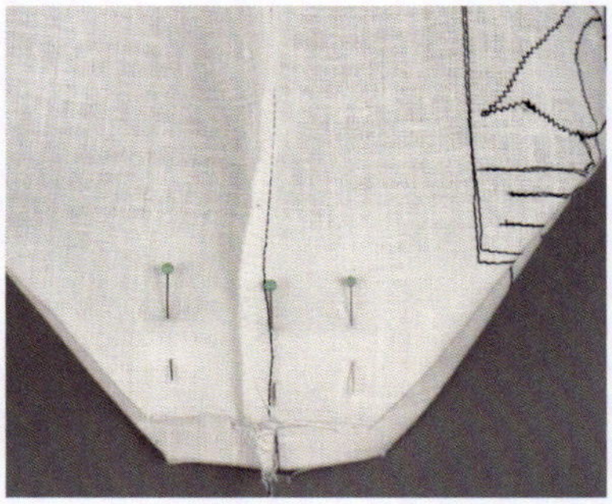

7 Die Kanten steppen. Die Nahtzugaben auf 5 mm zurückschneiden und zusammengefasst mit Zickzack- oder Overlockstich versäubern.

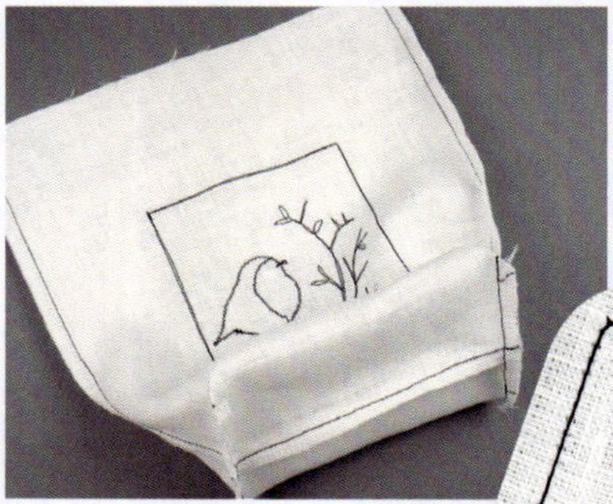

8 Den oberen Rand 3 cm umbügeln und 1 cm einschlagen. Die Nahtzugaben der Seitennähte nach hinten legen. Den Saum heften.

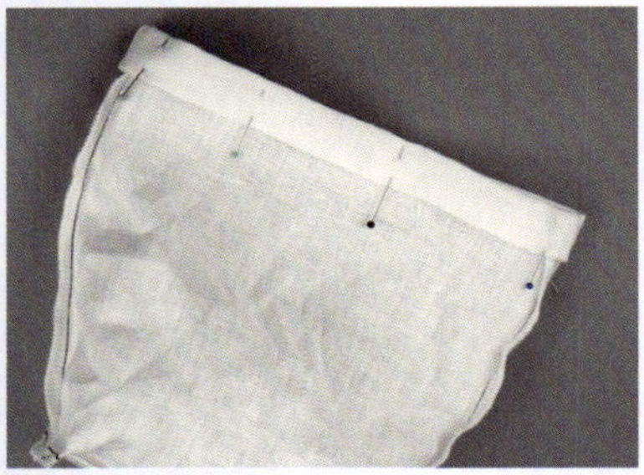

9 Den Saum knappkantig feststeppen und die Tüte zum Schluss auf rechts wenden. LED-Lichterkette oder LED-Teelichter in die Lichttüte legen.

FROHE WEIHNACHTS-ZEIT!
FROHE ADVENTSZEIT!

Grundlagen

MOTIVE APPLIZIEREN

1 Eine Schablone des Motivs erstellen. Aus dem Applikationsstoff ein Stoffstück zuschneiden, das etwas größer ist als das Motiv. Aus doppelseitig aufbügelbarer Vlieseinlage ein Stück zuschneiden, das etwas kleiner ist als der Stoff.

2 Die aufbügelbare Vlieseinlage mit der beschichteten Seite auf die linke Stoffseite legen und aufbügeln.

3 Die Motive spiegelverkehrt auf das Trägerpapier der Vlieseinlage zeichnen.

4 Die Motive ausschneiden

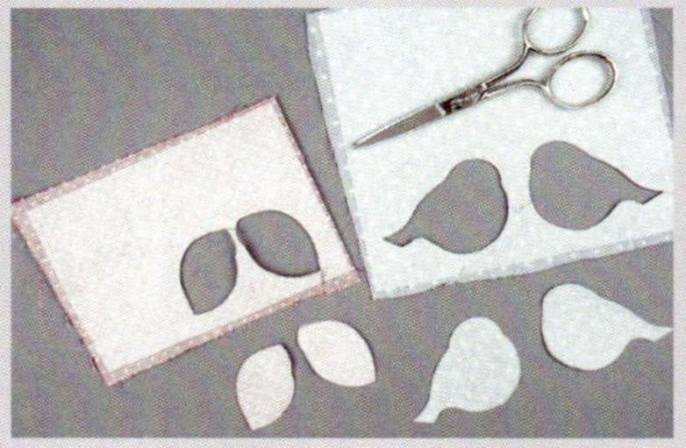

5 Das Trägerpapier abziehen. Auf der linken Stoffseite befindet sich nun eine Schicht, die unter Hitze klebrig wird.

6 Die Motive mit der beschichteten Seite auf dem Stoffgrund anordnen und aufbügeln.

MOTIVE NACHNÄHEN

1 Die Umrisse applizierter Motive mit Zickzackstich oder Geradstich entlang der Kanten nachnähen. Bei Zickzackstich darauf achten, dass die Nadel links in die Applikation und rechts genau an der Kante in den Trägerstoff sticht.

2 Um Zeichnungen nachzunähen, die Linien der Zeichnung zunächst auf den Stoffgrund übertragen.

3 Die Zeichnung mit Geradstich und kleiner Stichlänge zweifach absteppen.

NÄHEN MIT SNAPPAP

SnapPap („veganes Leder") ist ein waschbares Papier in Lederoptik, das sich für verschiedene Nähprojekte, Applikationen oder Labels bestens eignet. Es besteht aus einer Mischung aus Zellulose und Latex und ist weder umwelt- noch gesundheitsschädlich. In unbehandeltem Zustand fühlt sich SnapPap an wie dicker Fotokarton. Durch Waschen und anschließendes Knautschen wird es weicher und noch lederähnlicher. SnapPap lässt sich problemlos bei bis zu 60 °C mit herkömmlichem Waschmittel in der Waschmaschine waschen, läuft nur minimal ein und färbt nicht aus. Das Material fusselt nicht und verträgt hohe Temperaturen, daher kann man es sogar im Trockner trocknen, was zu einem zusätzlichen Knittereffekt führt. Durch Bügeln mit Dampf in noch feuchtem Zustand wird SnapPap wieder glatt, jedoch ohne die Lederoptik zu verlieren. SnapPap lässt sich sehr gut vernähen, bemalen, bedrucken und sogar mit herkömmlicher Textilfarbe batiken oder färben. Zugeschnitten wird SnapPap am besten mit der Papierschere, Rollschneider oder Cutter. Die Stoffschere ist nicht geeignet, da der Papieranteil in SnapPap die Schere stumpf machen kann. Zum Nähen von SnapPap verwenden Sie eine einfache Universalnadel und stellen die gewöhnliche Fadenspannung ein. Für die Projekte in diesem Buch eignet sich eine Nadel der Stärke 80 und eine Stichlänge von 3,0–3,5 mm. Die Stichlänge sollte nicht kürzer gewählt werden, da beim Nähen Löcher im Material verbleiben und zu starke Perforierung zum Ausreißen der Naht führen kann.

SnapPap muss nicht versäubert werden, da es nicht ausfranst. Zum Fixieren eignen sich Stoffklammern oder Wondertape (schmales, doppelseitiges Klebeband aus dem Nähbedarf). Verwenden Sie keine Stecknadeln, da sie bleibende Löcher im Material hinterlassen.

SnapPap in Weiß, mit Textilfarbe selbst gefärbt (links), SpapPap mit Textilstempelfarbe bedruckt (Mitte), SnapPap in Braun, gewaschen und geknautscht (rechts)

STEMPELN AUF SNAPPAP

SnapPap besitzt eine rechte und eine linke Seite. Die rechte Seite ist die glattere von beiden, auf der linken Seite kann man eine leichte, regelmäßige Struktur erkennen. Stempeln Sie SnapPap auf der rechten Seite, da das Ergebnis dort gleichmäßiger und besser wird. Zum Stempeln können Sie fertige Stempel, aber auch selbstgemachte verwenden, z. B. aus Moosgummi, das auf ein Stück Holz geklebt wird. Runde oder tropfenförmige Motive lassen sich auch sehr gut mit Make-up-Schwämmchen umsetzen. Damit die Motive nicht empfindlich auf Feuchtigkeit oder Wasser reagieren, verwenden Sie am besten ein Stempelkissen mit Textilfarbe, die nach dem Trocknen durch Hitze fixiert und waschbar wird. Alternativ können Sie Textilfarbe gleichmäßig mit einem Schaumroller auf eine Glas- oder Kunststoffplatte auftragen und diese wie ein „Stempelkissen" benutzen.

Stempeln mit fertigem Stempel und Stempelkissen mit Textilfarbe

Stempeln mit selbst gefertigtem Stempel aus Moosgummi, Make-up-Schwämmchen und Textilfarbe

STEMPELN AUF STOFF

Stoffe können sehr gut mit gewöhnlichen Papierstempeln bedruckt und verziert werden. Damit die Motive nicht empfindlich auf Feuchtigkeit oder Wasser reagieren, verwenden Sie am besten Stempelkissen mit Textilfarbe, die nach dem Trocknen durch Hitze fixiert und waschbar wird. Auf einen größeren Stempel tragen Sie die Druckfarbe auf, indem Sie das kleine Stempelkissen so oft auf die Fläche drücken, bis genug Farbe am Stempel haftet. Sie können auch ein großes, ungetränktes Stempelkissen mit Textilsprühfarbe selber befüllen. Je feiner und glatter die Stoffoberfläche, desto genauer und schärfer wird das Motiv.

DRUCKEN AUF STOFF

Ganz einfach lassen sich Motive mit Selbstklebefolie auf Stoff drucken.

1 Das Motiv spiegelverkehrt auf das Trägerpapier der Folie aufzeichnen.

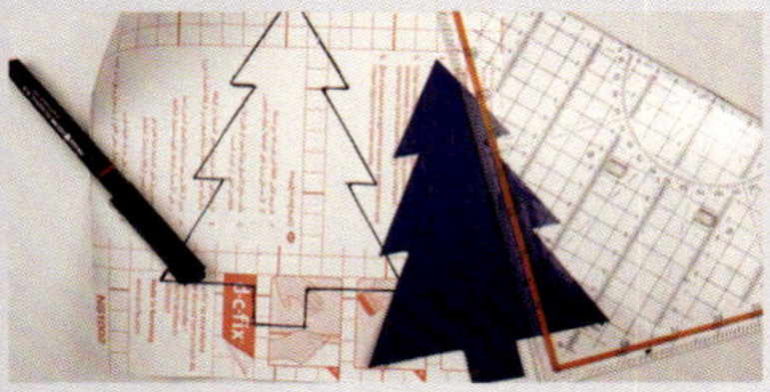

2 Das Motiv mit dem Cutter oder einer Schere ausschneiden.

3 Das Trägerpapier abziehen, die Klebefolie auf der rechten Stoffseite positionieren und festkleben. Die Kanten der Klebefolie fest andrücken. Kleine Risse in den Ecken gegebenenfalls mit Tesafilm abkleben

4 Textildruckfarbe auf einen kleinen Teller oder eine Platte aus Glas oder Kunststoff geben. Die Farbe mit einem Schwämmchen (z. B. Make-up-Schwämmchen) aufnehmen und gleichmäßig auf die ausgesparte Fläche tupfen. Dabei immer senkrecht von oben tupfen, damit keine Farbe unter die Folienkanten gerät.

5 Die Klebefolie vorsichtig abziehen (kleine Motive mit einer Stecknadel lösen) und die Druckfarbe trocknen lassen. Die Druckfarbe nach Herstelleranleitung fixieren.

MARKIEREN

Zum Übertragen der Schnittmuster und Markierungen eignen sich Kreidestifte, Kreiderädchen und Trickmarker aus dem Nähbedarf oder auch radierbare Marker aus dem Schreibwarenbedarf. Während Kreidemarkierungen einfach weggewischt oder ausgebürstet werden, verschwinden die Linien der Trickmarker nach einiger Zeit unter Lichteinwirkung von selbst. Sie können auch durch Bügeln mit Dampf oder mit einem feuchten Tuch entfernt werden. Aus einigen wenigen Stoffen gibt lässt sich Trickmarker nicht ganz entfernen; prüfen Sie die Verwendung daher immer vorab an einem Probestück. Mit radierbaren Markern lassen sich sehr feine Linien und Markierungen anzeichnen. Die Tinte wird unter Hitzeeinwirkung unsichtbar. Bügeln Sie daher immer erst dann, wenn die Markierung nicht mehr gebraucht wird. Manchmal erscheint die Tinte nach einiger Zeit blass wieder, hier hilft Waschen – so wird die Tinte ganz aus dem Textil entfernt.

Kreideminenstift, Kreiderädchen, Trickmarker, radierbarer Marker aus dem Schreibwarenbedarf (von oben nach unten)

NAHT MIT RÜCKSTICHEN SICHERN

Nähte sollten stets am Anfang und am Ende mit Rückstichen gesichert werden, damit sich die Stiche nicht wieder auflösen. Dazu am Nahtbeginn zunächst 7 mm vorwärts nähen, dann zurücknähen bis an den Nahtanfang und anschließend die Naht fortsetzen. Am Nahtende 7 mm rückwärts und danach vorwärts nähen. Die Fadenenden abschneiden.

NAHTZUGABEN ZURÜCKSCHNEIDEN

Damit Stoffteile nach dem Verstürzen flach aufeinanderliegen und sich an den Kanten keine Verdickungen oder Falten bilden, werden die Nahtzugaben vor dem Wenden der Teile zurückgeschnitten.

Außenecken ca. 2 mm vor der Naht abschrägen.

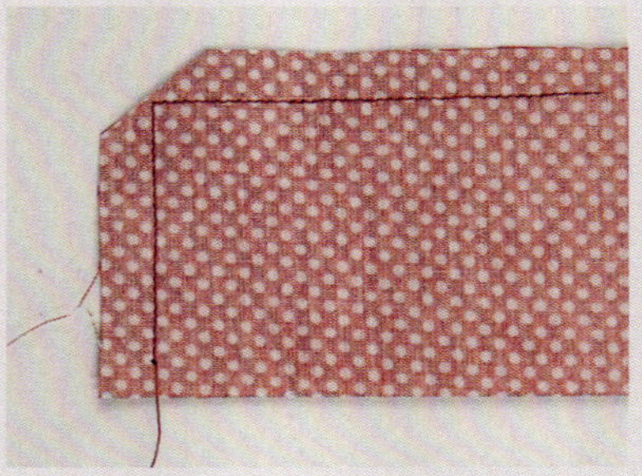

Nahtzugaben an Innenrundungen bis knapp vor die Naht mehrmals einschneiden, je enger die Rundung, desto öfter.

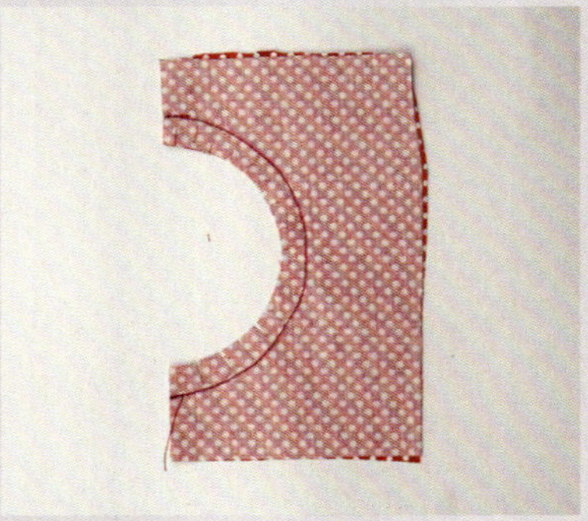

An Außenrundungen aus der Nahtzugabe ca. 2 mm vor der Naht kleine Kerben herausschneiden. Damit die Nahtzugabe am fertigen Stück nicht aufträgt, kann sie nach dem Nähen auch insgesamt auf 5 mm zurückgeschnitten werden.

Innenecken bis 2 mm vor der Nahtlinie einschneiden.

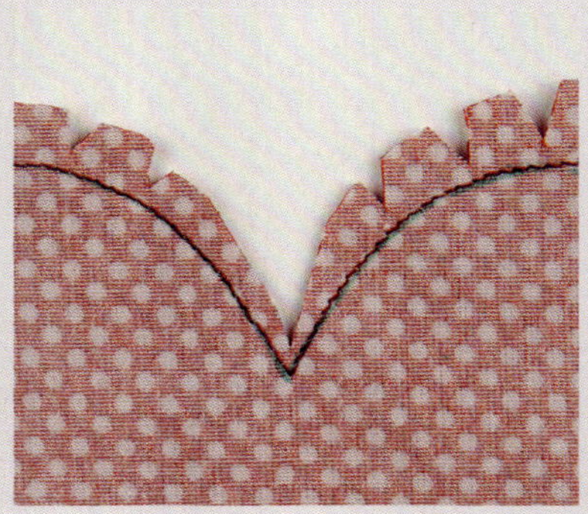

VERSTÜRZEN VON KLEINEN FORMEN

1 Das Schnittmuster auf zwei passend große Stoffstücke rechts auf rechts legen, die Konturen aufzeichnen und die Wendeöffnung markieren.

2 Die Konturen bis auf die Wendeöffnung mit kurzer Stichlänge (1,5–2 mm) nachsteppen, Nahtbeginn und -ende mit Rückstichen sichern.

3 Die Form mit 1 cm Nahtzugabe ausschneiden.

4 Die Nahtzugaben auf 5 mm zurückschneiden (im Foto links), bei kleinen Modellen, die nur zur Deko gedacht sind und keine große Beanspruchung erfahren, können die Nahtzugaben auch rundherum auf 2 mm zurückgeschnitten werden (im Foto rechts). Die Nahtzugaben entlang der Wendeöffnung nicht zurückschneiden.

5 Die Nahtzugaben an der Wendeöffnung auf links umbügeln.

6 Die Form auf rechts wenden und die Ecken mithilfe einer stumpfen Nadel, einer Stricknadel oder eines kleinen Borstenpinsels ausformen.

FÜLLEN VON KLEINEN FORMEN

Beim Befüllen von kleinen Formen durch kleine Füllöffnungen kann ein Borstenpinsel sehr hilfreich sein. Die Borsten greifen das Füllmaterial und so kann es problemlos auch durch sehr kleine Öffnungen in das Innere der Form geschoben werden. Sowohl Borsten als auch der Pinselstiel sind zudem ein wertvolles Utensil beim Ausformen der Ecken nach dem Wenden.

BRIEFECKE NÄHEN

1 Nahtzugabe (z. B. 1 cm) und Saumzugabe (z. B. 4 cm) auf die linke Stoffseite zeichnen.

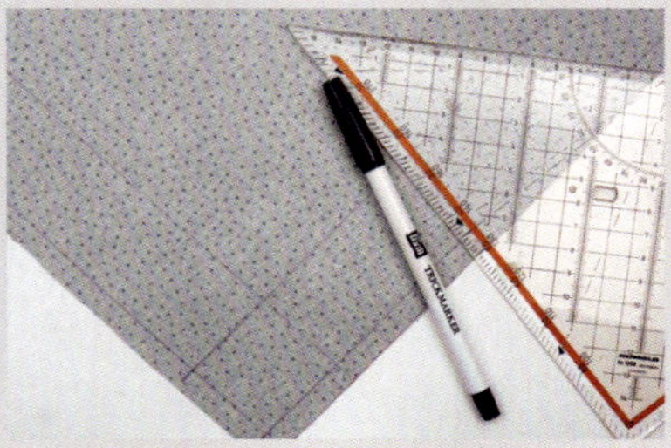

2 Die Nahtzugabe und den Saum auf links bügeln. Die innere Bügelfalte wieder öffnen, die Nahtzugabe bleibt umgeschlagen.

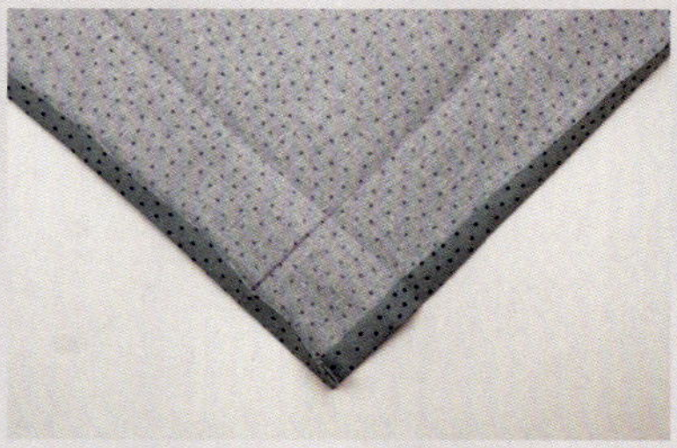

3 Die Ecke am Eckpunkt der Saumkante diagonal nach innen falten. Die inneren Bügelfalten treffen jeweils exakt aufeinander.

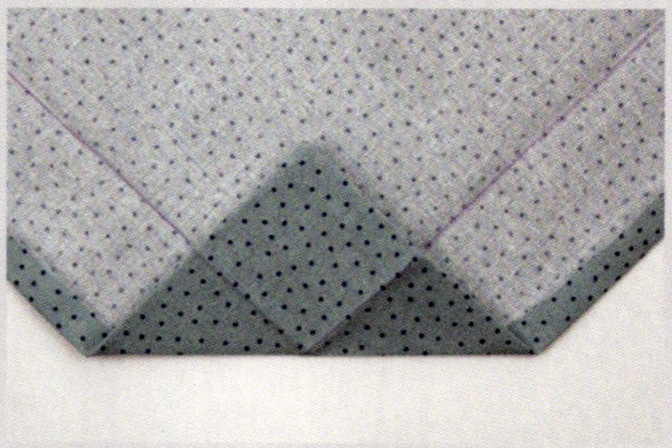

4 Die Kante bügeln und wieder aufklappen.

5 Die Stoffecke kantenbündig rechts auf rechts falten so dass die Bügellinien (in Pink markiert) exakt aufeinandertreffen.

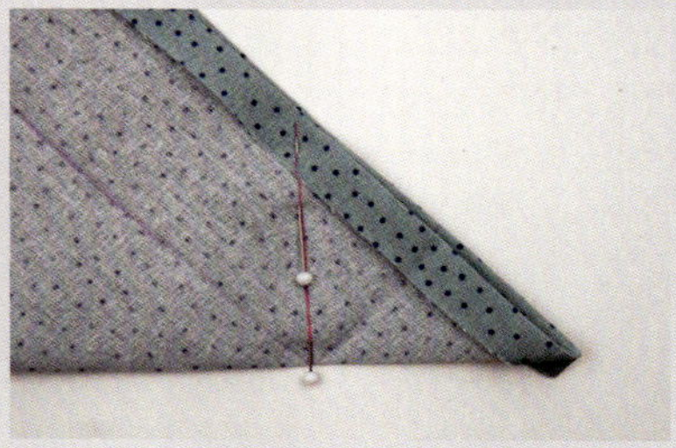

6 Die Ecke entlang der Bügellinie abnähen

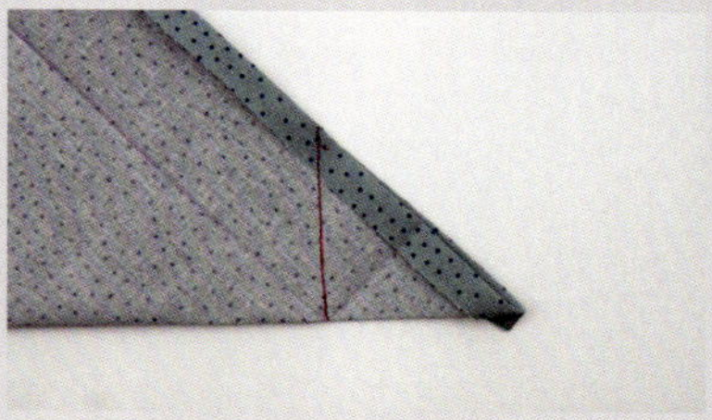

7 Die Ecke 1 cm vor der Naht abschneiden und die Nahtzugaben an der Ecke schräg zurückschneiden.

8 Die Ecke flach drücken und die Nahtzugaben auseinanderbügeln.

9 Die Ecke wenden, bügeln und den Saum heften.

10 Den Saum knappkantig absteppen.

11 So sieht die fertige Briefecke aus.

ÖFFNUNG MIT MATRATZENSTICHEN SCHLIEẞEN

Mit dem Matratzenstich (auch Leiterstich oder Zaubernaht genannt) können Sie eine Wende- oder Füllöffnung gänzlich unsichtbar von Hand verschließen. Dazu die Nahtzugaben nach innen klappen; wenn Sie sie vor dem Wenden umbügeln, geht das fast von selbst. Nähgarn auf die Nähnadel fädeln und das Fadenende verknoten. Die Nadel von innen kurz vor Ende der Nähmaschinennaht einstechen. Den Faden bis zum Knoten hindurchziehen. Der Knoten verbleibt im Inneren und verriegelt die Naht. Nun abwechselnd von den Seiten kleine Stiche direkt in die Bügelkanten der Wendeöffnung setzen. Den Faden dabei immer nach 5–6 Stichen straffziehen. Die Öffnung wird so Stück für Stück unsichtbar geschlossen. Am Ende den Faden mit 3 kleinen Stichen auf der Stelle vernähen nach innen ziehen.
Der Faden sollte farblich zum Stoff passen, hier wurde zur besseren Sichtbarkeit eine Kontrastfarbe gewählt.

ÖFFNUNG MIT ÜBERWENDLINGS-STICHEN SCHLIEẞEN

Der Überwendlingsstich ist die einfachste Möglichkeit, eine Wende- oder Füllöffnung von Hand zu verschließen. Im Gegensatz zum völlig unsichtbaren Matratzenstich bleibt der Überwendlingsstich sichtbar und bildet eine kleine Wulst.
Dazu die Nahtzugaben nach innen klappen; wenn Sie sie vor dem Wenden umbügeln, geht das fast von selbst. Nähgarn auf die Nähnadel fädeln und das lange Fadenende verknoten. Die Nadel von innen kurz vor Ende der Nähmaschinennaht einstechen. Den Faden bis zum Knoten hindurchziehen. Der Knoten verbleibt im Inneren und verriegelt die Naht. Mit der Nadel knappkantig immer von der einen zur anderen Seite durch alle Stoffschichten stechen und den Faden durchziehen. Je kleiner und regelmäßiger Sie die Stiche setzen, desto schöner wird die Naht. Am Ende den Faden mit 3 kleinen Stichen auf der Stelle vernähen und nach innen ziehen.

Der Faden sollte farblich zum Stoff passen, hier wurde zur besseren Sichtbarkeit eine Kontrastfarbe gewählt.

ÜBERWENDLINGSSTICH

Mit dem Überwendlingsstich lassen sich genähte Teile einfach zusammennähen. Nähgarn auf die Nähnadel fädeln und das lange Fadenende verknoten. Den ersten Stich so setzen, dass der Knoten nach dem Durchziehen unsichtbar hinter der eigentlichen Naht liegt. Mit der Nadel immer von der einen zur anderen Seite durch die Stofflagen beider Teile stechen und den Faden ganz durchziehen. Je kleiner und regelmäßiger Sie die Stiche setzen, desto schöner wird die Naht. Am Ende den Faden mit 3 kleinen Stichen auf der Stelle vernähen und nach innen ziehen.

LANGHAARPLÜSCH ODER FELLIMITAT VERARBEITEN

Schnittmuster anzeichnen

Das Schnittmuster auf der Rückseite mit Schneiderkreide oder Markierstift anzeichnen. Davor sollten Sie die Strichrichtung bzw. den Fadenlauf des Langhaarplüschs auf die Rückseite übertragen.

Fadenlauf bzw. Strichrichtung

Ähnlich wie Samt hat Langhaarplüsch eine Strichrichtung, auf die Sie beim Zuschnitt achten sollten. Streicht man gegen die Strichrichtung, stellen sich die Fasern auf, streicht man in Strichrichtung über das Fell, legen sich die Fasern glatt. Die Strichrichtung verläuft parallel zu den Maschenstäbchen (Fellimitat wird gestrickt oder gewirkt) und entspricht dem Fadenlauf. Schnittmuster immer in der darauf eingezeichneten Strichrichtung auflegen.

Langhaarplüsch zuschneiden

Achten Sie beim Zuschnitt von Langhaarplüsch oder Fellimitat darauf, möglichst nur den Stoffgrund (Trägerstoff) und nicht den Flor bzw. die Fasern zu zerschneiden. Schneiden Sie von der Rückseite aus mit kleinen Schnitten und schieben Sie vor jedem Schnitt die Fasern mit der Scherenspitze zur Seite. Sie können statt der Schere auch eine Rasierklinge oder ein Skalpell benutzen; schneiden Sie aber auch damit nur so tief, dass nur der Stoffgrund zerschnitten wird. Nach dem Zuschnitt die losen Fasern an den Schnittkanten mit einer Fusselbürste entfernen oder mit einem Staubsauger einsaugen.

Nadelwahl

Da Langhaarplüsch wie Jersey zur Maschenware gehört (die Rückseite wird gewirkt oder gestrickt), sollte er mit einer Jerseynadel mit Kugelspitze vernäht werden, damit die Maschen nicht beschädigt werden. Die Stärke der Nadel hängt von der Dicke des Stoffes ab; die Modelle im Buch werden mit einer Jerseynadel in Stärke 80 genäht.

Langhaarplüsch oder Fellimitat nähen

Beim Nähen von Langhaarplüsch sollten Sie unbedingt darauf achten, dass Sie die feinen Härchen immer wieder vor dem Nähfuß zwischen Ober- und Unterstoff von der Nahtzugabe wegstreichen. Sehr lange Fasern können Sie vor dem Vernähen der Teile mithilfe von Malerkrepp so fixieren, dass sie nicht in die Naht geraten. Nach dem Nähen eventuell eingenähte Fasern von der rechten Stoffseite aus mit einer stumpfen Nadel vorsichtig aus der Naht lösen.

JERSEYNADEL MIT KUGELSPITZE

Stoffe, die nicht gewebt sind, sondern aus Maschenware bestehen, gewirkt oder gestrickt sind (z. B. Jersey, Fleece, Teddyplüsch, Langhaarplüsch oder Fellimitat) werden mit einer Jerseynadel genäht. Sie hat eine abgerundete, kugelförmige Spitze und sticht immer zwischen die Maschen. So kann keine Laufmasche im Stoff entstehen.

BUCHEMPFEHLUNGEN FÜR SIE

Noch mehr kreative Bücher zum gleichen Thema gesucht?

978-3-7724-4872-0

978-3-7724-8173-4

978-3-7724-4831-7

978-3-7724-6858-2

978-3-7724-8154-3

978-3-7724-4880-5

978-3-7724-4877-5

978-3-7724-6855-1

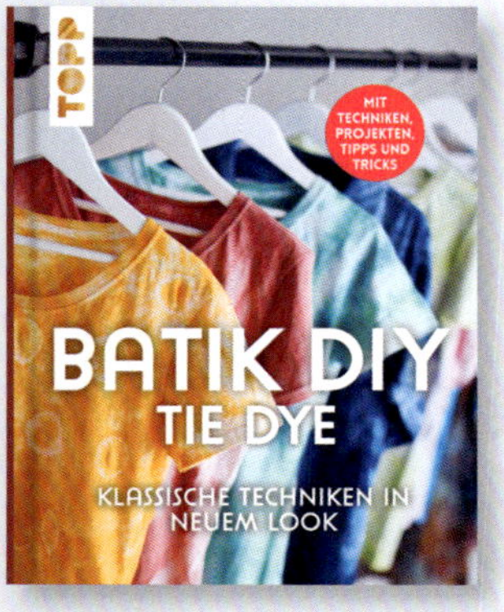

978-3-7724-4896-6

Viele weitere kreative Ideen finden Sie hier:

978-3-7724-8069-0

978-3-7724-4567-5

978-3-7724-4894-2

978-3-7724-4569-9

978-3-7724-4570-5

978-3-7724-4436-4

978-3-7724-6883-4

978-3-7724-4855-5

978-3-7724-4874-4

DANKE

DANKE an Tobi, Tim und Lilja und an meine ganze Familie hier und in Finnland.
DANKE an all diejenigen, die professionell an diesem Buch mitgewirkt haben, die mich und meine Ideen unterstützen und die mit ihrer tollen Arbeit dazu beigetragen haben, dass ich dieses weihnachtliche Buchprojekt verwirklichen konnte.

Vielen Dank für die freundliche Unterstützung mit Materialien:
Buttinette GmbH, www.buttinette.de
Freudenberg SE, www.freudenberg-pm.com
Gütermann GmbH, www.guetermann.com
Snaply GmbH, www.snaply.de
Westfalenstoffe AG, www.westfalenstoffe.de

IMPRESSUM

FOTOS: frechverlag GmbH, Turbinenstraße7, 70499 Stuttgart; lichtpunkt, Michael Ruder, Stuttgart
ILLUSTRATIONEN: Creative Market; Marish
PRODUKTMANAGEMENT: Claudia Mack
LEKTORAT: Christine Schlitt, Worms
COVERGESTALTUNG: Tatjana Weiß
HERSTELLUNG UND LAYOUT: Jessica Siebert
SATZ: Nina Benjamins, FSM Premedia GmbH & Co. KG
DRUCK UND BINDUNG: POLYGRAF PRINT spol. s r.o.

3. Auflage 2022

ISBN 978-3-7724-4889-8 • Best.-Nr. 4889

MIX
Aus verantwortungsvollen Quellen
FSC® C023577

Penguin Random House Verlagsgruppe
FSC® N001967